BHK ScoreCue

BHK ScoreCue

zu Gast beim Deutschen Gründerpreis für Schüler.

Das Konzept des digitalen Notenpults

Tobias Burgholz und David Muschiol

mit einem Vorwort von Svenja Kirchhoff und Dr. Ralf Hillemacher

und einem Nachwort von Ralf Hillemacher

BHK ScoreCue: zu Gast beim Deutschen Gründerpreis für Schüler.
Das Konzept des digitalen Notenpults
von Tobias Burgholz und David Muschiol.

März 2011: Zweite Auflage.

Copyright © 2011 Burgholz, Muschiol. Alle Rechte vorbehalten.
Herstellung und Verlag: Books on Demand GmbH, Norderstedt.
Gedruckt in Deutschland.

Bibliografische Information der Deutschen Nationalbibliothek:
Die Deutsche Nationalbibliothek verzeichnet diese Publikation in der Deutschen
Nationalbibliografie; detaillierte bibliografische Daten sind im Internet über
http://dnb.d-nb.de/ abrufbar.

Die Autoren haben größten Wert darauf gelegt, die sachliche und fachliche
Korrektheit aller Teile dieser Publikation sicherzustellen. Sollte sie dennoch Fehler
oder Unvollständigkeiten aufweisen, können weder der Verlag, noch die Autoren
hierfür oder für dadurch entstandenen Schaden Verantwortung übernehmen.

ISBN: 978-3-8423-5377-0

Gewidmet dem Intendanten und guten Unternehmensgeist K. Hoppermann.

Inhaltsverzeichnis

Vorwort

BHK – der Weg zum Erfolg

„Das gibt es doch gar nicht!" Kaum ein Satz kann treffender beschreiben, was ich in der vergangenen Spielrunde zum Deutschen Gründerpreis für Schüler 2010 oft genug gedacht habe. Grund war das Team BHK vom Pius-Gymnasium Aachen – und zwar im mehr als positiven Sinne. Diese drei Buchstaben, die so gar nicht zur Unternehmensidee oder den Namen der Teammitglieder passen wollten, stehen für ein Team, das sich in vielen Dingen von der Konkurrenz abhob.

Die drei Abiturienten und jetzigen Studenten haben mich von Anfang an sehr beeindruckt. Keines der Teams, die ich in den letzten Spielrunden für die Sparkasse Aachen betreut habe, hat sich bisher so redegewandt und kompetent erwiesen wie Tobias Burgholz, David Muschiol und Robert Meyer.

Zunächst erschien mir ihre Idee, ein digitales Notenpult zu vermarkten, interessant, aber nicht außergewöhnlich aufregend. Ich wurde schnell eines Besseren belehrt. Die Art und Weise, wie diese drei an die Beantwortung der Fragen herangingen, gab es in der Form – zumindest bei der Sparkasse Aachen – noch nie. Die Ausarbeitung der Antworten wurde bis ins kleinste Detail recherchiert und dann perfekt in Worte umgesetzt. Auch ich als Spielbetreuerin war dabei in bisher noch nicht dagewesener Weise gefordert, wurde auf sympathische Art mehrfach kontaktiert und um meine Meinung gebeten. Und ich muss sagen, es hat mir großen Spaß gemacht.

Genau da setzt auch die Motivation der Sparkasse an, diesen Wettbewerb Jahr für Jahr den weiterführenden Schulen in der StädteRegion Aachen anzubieten. Spaß am Unternehmertum steht dabei an vorderster Stelle. Der Deutsche Gründerpreis für Schüler soll junge Leute motivieren, über den „Tellerrand Schule" hinauszuschauen und einen wertvollen Schritt für die berufliche Zukunft zu machen. Die Teilnahme wird nur dann von Erfolg gekrönt, wenn alle Teammitglieder ihre Fähigkeiten einbringen und im Laufe des Wettbewerbes auch weiterentwickeln. Belohnt wird dieser Einsatz mit fachlichen und sozialen Kompetenzen, die in der modernen Berufswelt gefordert sind. Führungs- und Teamqualitäten, Mut und Selbstvertrauen, Flexibilität und Entscheidungsfreude, Erwerb von wertvollem Wirtschafts-Know-how und nicht zuletzt der Spaß am Gründen sind nur einige davon.

All diese Fähigkeiten hatte BHK schon mit in den Wettbewerb eingebracht und im Verlauf immer mehr ausgebaut. Schon früh stand für mich fest, dass dieses Team es bis ganz nach oben schaffen kann. So errang das Team – wie nicht anders erwartet – Platz 1 in der Sparkasse Aachen. Die angestrebte tolle Platzierung auf Verbandsebene wurde mit Platz 1 im Rheinischen Sparkassen- und Giroverband erreicht. Aber damit nicht genug. Mich hat ganz besonders gefreut, dass dieses hoch motivierte Team am Ende auch Platz 4 in ganz Deutschland bejubeln durfte. Und das bei einer Konkurrenz von über 1100 Teams!

BHK hat bewiesen, dass Leistung Laune macht! Die wertvollen Erfahrungen, die im Laufe des Wettbewerbes gesammelt wurden, prägen alle Teammitglieder und zwar nicht nur für die berufliche Laufbahn. Neue Perspektiven wurden aufgezeigt und manches Mal wurde jeder einzelne aber auch in seinen Ansichten bestätigt.

So ist es auch nicht verwunderlich, dass die Idee zu diesem Buch geboren wurde. Es setzt das I-Tüpfelchen auf eine herausragende Arbeit und wird – hoffentlich – andere Teams dazu motivieren, auch einmal beim Deutschen Gründerpreis für Schüler anzutreten. Es lohnt sich!

Danke BHK!

—*Svenja Kirchhoff*
Schulservice der Sparkasse Aachen
Aachen, im Januar 2011

Wie wird man ein erfolgreicher Unternehmer?

Manchmal geschehen ungewöhnliche Dinge: Man denkt an eine Person, die man zehn Jahre nicht mehr gesehen hat, und fünf Minuten später begegnet man dieser Person „zufällig" beim Einkaufsbummel in der Stadt. Synchronizität! C. G. Jung lässt grüßen. So ist es auch mir ergangen, als mich das BHK-Team ansprach, ob ich bereit wäre, Unternehmerpate für dieses Team zu sein. Seit Wochen hatte ich zu diesem Zeitpunkt darüber nachgedacht, ob ich nicht – neben der Unternehmensberatung, deren Inhaber ich seit 16 Jahren bin – ein weiteres Unternehmen gründen will. Mir fehlte aber die zündende Geschäftsidee. Nun war die Geschäftsidee des BHK-Teams keine Idee, deren reale Umsetzung für mich persönlich geeignet gewesen wäre, aber gelernt habe ich aus der beratenden Begleitung des BHK-Teams beim Wettbewerb doch etwas Wesentliches: nämlich wie genau erfolgreiche Unternehmer entstehen.

Während der Gründungsphase zählt nur die Geschäftsidee. Betriebswirtschaftliches Knowhow hat man entweder selbst oder man lässt sich beraten. Geld zur Überbrückung der Zeit, bis die ersten Einnahmen fließen, hat man entweder selbst oder man leiht es sich bei der Bank. Aber die Idee an sich lässt sich kaum von anderen „beschaffen". Die Idee muss einem einfallen und auch passen. Das erste afghanische Restaurant in Aachen zu eröffnen, wäre wahrscheinlich eine gute Idee – aber nicht für jeden. Man muss im Herzen ein Gastronom sein und das Wissen haben, wie afghanische Küche funktioniert und wie man einem deutschen Kunden afghanisches Flair vermittelt.

Die Geschäftsidee von BHK wirkt authentisch mit Blick auf die jungen Gründer, die mit IT aufgewachsen und selbst Musiker sind. BHK war stets von ihrer Idee so überzeugt, dass das Team sich durch nichts von ihrer Idee abbringen ließ. Begeisterung und Glaube an die eigene Idee trägt und treibt – voran. So einfach ist das Erfolgsrezept für den Gründer.

Die drei Gründer von BHK werden ihren Weg gehen. Da bin ich mir sicher. Ihr Beispiel kann eine Anregung für andere Schüler sein, an dem jährlich durchgeführten Gründerpreis-Wettbewerb teilzunehmen. Darüber hinaus kann es auch eine positive Vorlage für andere potenzielle (junge) Gründer bieten, die in der rauen Wirklichkeit des Wirtschaftslebens mit echtem Geld etwas unternehmen wollen.

Man kann es gar nicht oft genug beklagen: Es gibt zu wenig Unternehmertum in Deutschland. Nicht weil es zu wenig Geschäftsideen gibt, sondern weil es zu wenig Mutige gibt, die ihre Ideen umsetzen, die sich von der Idee zum Unternehmen durchkämpfen. Wer hat nicht schon in geselliger Runde bei einem Glas Wein gesessen und über eine gute Geschäftsidee „philosophiert"? Ideen gibt es im Überfluss. Aber wer nimmt seine Idee ernst und gibt ihr eine Chance? Zu wenige, denke ich. Weil die Idee nicht hell genug scheint, um die dunklen Mühen des Gründungsprozesses zu überstrahlen. Trotz aller Unterstützung, die „Paten" oder in der Realität etwa die IHK, Banken und andere leisten, bleibt es doch fast immer ein ziemlich anstrengender Weg durch den Gründungstunnel. Und als Licht am Ende des Tunnels leuchtet nur ... ja, nur die Idee.

—Dr. Ralf Hillemacher
Hillemacher Consulting
http://www.hillemacher.de/
Aachen, im Januar 2011

Einleitung

Sie halten das Buch *BHK ScoreCue – zu Gast beim Deutschen Gründerpreis für Schüler* in den Händen: Herzlichen Glückwunsch zu dieser guten Wahl.

Die Idee, dieses Buch zu veröffentlichen, entwickelte sich erst mit der Zeit. Zunächst war unsere Intention lediglich, unsere Ausarbeitungen der Aufgaben für das eigene Regal drucken und binden zu lassen, um später stets die Möglichkeit zu haben, auf diese doch sehr schöne und bereichernde Erfahrung zurückblicken zu können. Gepaart mit einigen Fotos und Kopien der Zeitungsartikel wäre das Buch ein schönes Erinnerungsstück geworden – nicht mehr, nicht weniger.

Wir entwickelten den Anspruch, das Ganze angemessen zu setzen und zu formatieren, um ein nicht nur inhaltlich, vielmehr auch optisch ansprechendes Buch fertigzustellen. Wir erzählten unserer Spielbetreuerin von der Idee, die sogleich ebenfalls Interesse anmeldete. Ebenso unser betreuender Lehrer Ralf Hillemacher und unser Consulter Dr. Ralf Hillemacher (kein Druckfehler, vielmehr ein PR-Gag, der sich Ihnen nach Lektüre dieses Buches erschließen wird), der als Autor von Standardwerken wie „Der Meisterverkäufer" und „Die Projektpyramide" Erfahrungen mit Publikationen hat und uns gleich aufmunterte, das Buch, das zunächst nur für den kleinen Kreis und private Zwecke bestimmt war, mit ISBN zu veröffentlichen. Unsere Spielbetreuerin war von dieser Idee schnell überzeugt und erkannte, dass das geplante Buch auch für zukünftige Teilnehmer am Deutschen Gründerpreis für Schüler gleichermaßen wie für Musikinteressierte von Interesse sein könnte, die von einem praxistauglichen digitalen Notenpult träumen und um die Problematik im Umgang mit Noten in Papierform wissen.

Wir wünschen Ihnen also in jedem Falle eine vergnügliche und lehrreiche Lektüre mit Blicken hinter die Kulissen des DGPS und in die Köpfe von drei jungen Musikern und Unternehmern, die die Idee eines digitalen Notenpultes bis zu Ende durchdacht haben, auf das so viele Musiker seit Jahren warten. Vielleicht gibt es ja heute bereits den BHK ScoreCue im Musikgeschäft Ihres Vertrauens – hören Sie sich um!

—*Die Teamsitzung für BHK*
Aachen, im Februar 2011

Was hat es mit dem DGPS auf sich?

Der Deutsche Gründerpreis ist eine im Jahre 1997 ins Leben gerufene Existenzgründerinitiative von „Stern", den Sparkassen, ZDF und Porsche. Er wird in den Kategorien *Startup*, *Aufsteiger*, *Lebenswerk* und *Schüler* für „vorbildhafte Leistungen bei der Entwicklung von innovativen und tragfähigen Geschäftsideen und beim Aufbau neuer Unternehmen" verliehen.

In der Wettbewerbskategorie *Schüler* durchlaufen die Teams eine virtuelle Unternehmensgründung und arbeiten über mehrere Monate hinweg ihre eigene Geschäftsidee aus. Neben Einblicken in das große und schwierige Feld der Unternehmensgründung samt betriebswirtschaftlicher Grundlagen werden vor allem auch Teamfähigkeit und Soft Skills geschult.

Beim Bearbeiten der von der erfahrenen Spielbetreuung gestellten Aufgaben, von einer SWOT-Analyse über die Erstellung einer eigenen Internetpräsenz bis zur Präsentation der Produktidee vor richtigen Unternehmern, schnuppern interessierte Teilnehmer richtige „Unternehmerluft".

Unterstützt wird der Deutsche Gründerpreis vom Bundesministerium für Wirtschaft und Technologie sowie von zahlreichen Sponsoren, einem Kuratorium und einem Netzwerk aus Experten.

Zur Gliederung von Teil I und II

In Teil I des Buches finden Sie die vorbereitenden Ausarbeitungen und in Teil II den finalen „Businessplan", der die Kerninformationen der vorangegangenen Ausarbeitungen zu einem schlüssigen Konzept vereint. Möchten Sie also ausschließlich unsere Geschäftsidee studieren, können Sie Teil I auch nur flüchtig überfliegen.

Wer sind wir?

Das Kernteam BHK setzte sich 2010 zusammen aus uns drei damaligen Schülern des Pius-Gymnasiums in Aachen. Parallel zur Teilnahme legten wir allesamt erfolgreich unsere Abiturprüfungen ab und begannen noch im gleichen Jahr verschiedene Studiengänge an der RWTH Aachen: **Tobias Burgholz** (heute 20) verschlug es in den Maschinenbau; **David Muschiol** (18) versucht sich einstweilen an der Informatik, während **Robert Meyer** (20) sich an das Studium der Humanmedizin wagt.

Ob Studiengänge im wirtschaftlichen Bereich nach dem guten Abschneiden beim Gründerpreis nicht die logische Konsequenz gewesen wären? Wir glauben: Genauso kann man als Naturwissenschaftler irgendwann eine zündende Geschäftsidee haben, und nachdem wir die Welt der Wirtschaft nun im kleinen Rahmen erkunden durften, sind wir dem spannenden Vorhaben Unternehmensgründung bestimmt nicht abgeneigt.

Das Gefühl nämlich, in Eigenregie für Erfolge und Rückschläge verantwortlich zu sein, spornt an und war Motivation, zwischen Abiturstress und Hobbys noch Ressourcen in den Wettbewerb zu investieren. Das Gefühl kennen wir als Team längst von früheren gemeinsamen Projekten: vom eigenen Film bis hin zum ausgezeichneten Architekturkonzept im Rahmen des Kunstunterrichts. Wie schön, dass unser zu Schulzeiten letztes gemeinsames Projekt einen so erfolgreichen Abschluss gefunden hat!

Stets konnte sich das Team verlassen auf die Unterstützung durch

... seine Spielbetreuerin: **Svenja Kirchhoff** ist tätig in der Öffentlichkeitsarbeit der Sparkasse Aachen und verantwortet dort insbesondere den Sparkassen-Schulservice. In der Funktion betreut sie neben dem Deutschen Gründerpreis für Schüler auch Projekte wie das Planspiel Börse, den Schülerzeitungswettbewerb und weiteres mehr.

... seinen betreuenden Lehrer: **Ralf Hillemacher** ist Lehrer für Deutsch, katholische Religion und Sozialwissenschaften am Pius-Gymnasium in Aachen. Jährlich begleitet er – nicht selten mit Erfolg – Schülerteams bei der Teilnahme am Deutschen Gründerpreis für Schüler oder beim Planspiel Börse. Die drei BHK'ler kennen ihren früheren Klassenlehrer schon seit 2003, sodass die Zusammenarbeit für beide Seiten eine echte Freude war.

... seinen betreuenden Unternehmer: **Dr. Ralf Hillemacher**, Inhaber der Unternehmensberatung *Hillemacher Consulting*, berät Unternehmen wie Bayer oder Volvo – oder im Rahmen des Wettbewerbs eben BHK. Der Kaufmann war bereits Lehrbeauftragter an der RWTH Aachen sowie an der FH Ludwigshafen, sitzt seit 2001 dem Aufsichtsrat der FirstAttribute AG vor und ist Autor von Standardwerken wie „Der Meister-Verkäufer" oder „Die Projekt-Pyramide". (↪ *http://www.hillemacher.de/*)

Kontakt

Wir sind gespannt auf Ihre Meinung zum Buch! Zögern Sie also nicht, uns eine E-Mail an *bhk-scorecue@online.de* zu schicken: mit Ihren Gedanken zur Geschäftsidee, zu unseren Erfahrungsberichten, zur Ausgestaltung des Buches oder einfach mit einem Hinweis auf Druckfehler. Ihre Anregungen lassen wir gern in eine neue Auflage des Buches einfließen!

Vorbereitende Ausarbeitungen

Geschäftsidee

Den BHK ScoreCue, das „digitale Notenpult", entwickeln wir, um Musikern ihr Schaffen ein Stück leichter zu machen. Ausgelegt als Touchscreen-Computer, etwas größer als ein DIN-A4-Blatt, soll er das Mitschleppen ganzer Notenbuch-Konvolute sowie unbequemes, lautes Umblättern endlich überflüssig machen. Besonderes Augenmerk liegt bei der Entwicklung auf selbsterklärender Bedienung sowie langer Akkulaufzeit durch Verwendung besonders energiesparender Komponenten.

Alleinstellungsmerkmale

Daran, dass generell Bedarf an einem Gerät wie dem BHK ScoreCue besteht, haben wir nach Gesprächen mit verschiedenen Musikern keine Zweifel. Umso mehr wundert es uns, dass bestehende Lösungsansätze keinerlei Popularität genießen.

Indem wir Musiker mit Produktinformationen zu bestehenden Geräten konfrontierten, versuchten wir – mit Erfolg – herauszufinden, was der Grund für diesen Sachverhalt ist. Die Befragten hielten die wenigen Geräte, die auf den gleichen Markt abzielen, pauschal für praxisuntauglich; moniert wurden besonders:

- hohe Anschaffungskosten, da im vierstelligen Eurobereich,

- Produktfotos nach zu urteilen umständliche Bedienung und vermutlich hohe Einarbeitungszeit,

- zu niedrige, für längere Konzerte unbrauchbare Akkulaufzeiten,

- untaugliche Displaytechnik, da hintergrundbeleuchtet.

All diese Mankos behebt der BHK ScoreCue, indem er

- durch Verwendung neuartiger Mobilkomponenten, wie sie in Smartphones und Geräten wie dem Apple iPad zur Verwendung kommen, erheblich günstigere Gerätepreise und praxistaugliche Akkulaufzeiten ermöglicht;

- auf erst kürzlich entwickelte Displaytechnologie zurückgreift, bei der Hintergrundbeleuchtung optional ist;

- ein radikal vereinfachtes Bedienkonzept bietet, sodass Musikern der Umgang mit dem Gerät Spaß macht und leicht von der Hand geht.

Diese Qualitäten sollen den BHK ScoreCue zum ersten wirklich praxistauglichen Gerät seiner Klasse machen, das mit existierenden Lösungen kaum noch verglichen werden kann; erste Akzeptanzbefragungen in der Zielgruppe ließen großes Interesse erkennen.

Team

Positionen

— *Tobias Burgholz:*
Geschäftsführer/Chief Executive Officer (CEO), Chief Financial Officer (CFO), Expert

— *David Muschiol:*
Chief Visionary Officer (CVO), Chief Marketing Officer (CMO)

— *Robert Meyer:*
Head of Research and Development (HRD), Chief Technical Officer (CTO), Motivator

Teamkodex

1.

Da ein Ergebnis nur dann von allen Mitgliedern mit voller Überzeugung vertreten werden kann, wenn es sich um einen für alle annehmbaren Konsens handelt, ist es wichtig, in einzelnen Teilaspekten die Meinungen derer immer mit einzubeziehen, die sich auf andere Punkte konzentriert haben und sich hier weniger einbringen konnten.

2.

Aus Regel 1 folgt auch, dass niemand gegen den Willen der anderen Teammitglieder eine zu dominante Rolle einnehmen darf – Unzulänglichkeiten bei der Aufgaben- und Gesprächszeitverteilung müssen gelegentlich in dedizierten Runden offen angesprochen werden. Sinnvoll hierfür ist auch ein Mailverteiler, sodass man solche Probleme nicht nur in den Schulpausen ansprechen kann.

3.

Dennoch kann das Team nur im gesitteten Dialog produktiv sein, sodass grundsätzlich gilt, dass jeder ausreden darf. Sinnvolle Zwischenmeldungen können andere Mitglieder mit Handzeichen anmelden. Der Teamleiter ist hier in Personalunion auch „Moderator" und für ein für alle Beteiligten angenehmes Gesprächsklima verantwortlich.

4.

Um die größtmögliche Produktivität zu erzielen, besprechen wir beim Durchgehen der Aufgabenstellung, wem welcher Aspekt am besten liegt. So kann jeder sich um das kümmern, was ihm am besten liegt und am meisten Spaß macht, denn: Freude an der Arbeit lässt das Werk vortrefflich gelingen.

5.

Im Teamgespräch sprechen wir, wenn wir Vorschläge und/oder Kritik haben, stets in der ersten Person und machen so deutlich, dass wir zunächst nur unsere persönliche Meinung darlegen und nicht voraussetzen, dass die anderen Mitglieder einverstanden sind, ohne vorher gemeinsam darüber gesprochen zu haben.

Betreuender Lehrer

Unser betreuender Lehrer, Ralf Hillemacher, ist an unserer Schule bekannt als der Mann für wirtschaftliche Fragen. Er hat schon mehrfach Schülergruppen am Pius – nicht selten erfolgreich – auf vergleichbaren Wettbewerben begleitet; in seiner Zeit als unser Klassenlehrer schwärmte er bisweilen von den Perspektiven, die diese Wettbewerbe böten. Darüber hinaus kann auch unser sehr gutes persönliches Verhältnis zu Herrn Hillemacher kaum von Nachteil sein. Aufgrund unserer langjährigen Bekanntschaft und der Kompetenz, die Ralf Hillemacher innehat, fiel die

Wahl unseres betreuenden Lehrers nicht schwer, sondern war vielmehr vorprogrammiert.

Betreuender Unternehmer

Tatsächlich stießen wir über eine Google-Suche nach unserem gleichnamigen betreuenden Lehrer auf die Website unseres heutigen betreuenden Unternehmers, Herrn Dr. rer. pol. Ralf Hillemacher. Seit 1994 ist er Inhaber der Unternehmensberatung Hillemacher Consulting. Manager von Unternehmen wie Bayer, Saint-Gobain, T-Systems oder Volvo lassen sich von Herrn Dr. Hillemacher etwa in Fragen der Projektleitung, des Vertriebs und des Marketings beraten. Weiterhin ist er Autor des Standardwerks „Der Meisterverkäufer – Die sieben Quellen des Erfolgs beim Kunden", das sogar ins Chinesische übersetzt wurde, sowie weiterer Fachliteratur. Herr Dr. Hillemacher unterrichtete bereits an der FH Ludwigshafen und der RWTH Aachen; bei der Softwarefirma FirstAttribute AG ist er als Vorsitzender des Aufsichtsrats tätig.

Wegen seines einmaligen Erfahrungsprofils in diesen auch für uns so relevanten Aufgabenfeldern waren wir sehr neugierig auf Herrn Dr. Hillemachers professionelles Statement zu unserem Geschäftskonzept; wir kontaktierten ihn per E-Mail und nach längerer Korrespondenz erklärte dieser sich sogar bereit, bei BHK den Posten des betreuenden Unternehmers zu bekleiden. Ganz klar halten wir ihn hier für die beste denkbare Besetzung und sind sehr glücklich darüber, dass er sich für uns die Zeit nimmt.

Geselligkeitswart

Die Aufgaben des Geselligkeitswartes bestehen vor allem in der Organisation, der Koordination und der Gestaltung aller Team-Veranstaltungen. Dass diesen Posten der uns wohlbekannte Schülervater und Intendant K. Hoppermann bekleiden würde, zeichnete sich sehr früh ab.

Marktanalyse

Unsere Kunden

Ausgangssituation

Unsere potentiellen Kunden, nämlich Berufs- wie Hobbymusiker, haben Spaß am Musizieren, der getrübt wird durch den ebenso lästigen wie – scheinbar – unumgänglichen Umgang mit Noten in Papierform. Der Ärger beginnt beim Kauf, denn wer sein Repertoire aufbessern möchte, muss viel Geld investieren und zuhause im Regal reichlich freien Platz haben. Auch im Handling sind Papiernoten alles andere als praktisch – ist doch ein Umblättern ohne Helfer oft unmöglich, ohne vom Instrument abzusetzen, wodurch ein Bruch beim Üben mehrseitiger Stücke sowie beim Vortrag vor Publikum entsteht. Hefte fallen zu oder gar vom Notenständer, und bei losen Blättern reicht ein Windstoß, um das Konzert vorzeitig zu beenden; schließlich kennt jeder Konzertliebhaber den störenden Umstand, dass gleichzeitiges Umblättern aller Orchestermusiker das Vorspiel zarter Klänge durchschneidet.

Nachfolgend sind die Probleme des Kunden noch einmal bündig zusammengefasst:

- Hohe Kosten für Papiernoten
- Großer Platzbedarf für die Notensammlung
- Umblättern ohne Helfer schier unmöglich, was sowohl beim Üben, als auch im Konzert stört
- Notenhefte fallen von alleine zu oder herunter
- Umblättern beim Konzert oft zu laut und dauert zu lange

Lösungsansatz

Der BHK ScoreCue will an dieser Stelle anknüpfen und die in der vorangegangenen Frage auf- und ausgeführten real existierenden Probleme des Musikers aus der Welt schaffen.

Die digitale Notenbibliothek passt auf ein verschwindend kleines Speichermodul; umblättern kann der Musiker per Berührung des Touchscreens oder sogar mit Taster oder Pedal, wodurch der Aufwand gegen Null geht. Der Clou ist, dass neben diesen Vorteilen auch der Geldbeutel des weniger betuchten Anwenders mittelfristig entlastet wird.

Können wir durch Verwendung besonders fortschrittlicher, kosteneffektiver Komponenten wie anvisiert einen Preis von unter 350 Euro realisieren, würden sogar wir – Schüler mit begrenztem Budget – als aktive Hobbymusiker zum BHK ScoreCue greifen.

Zusammengefasst hier auf einen Blick der Nutzen des BHK ScoreCue für den Kunden (und uns):

- Hohe Kosten für Noten auf Papier weichen erschwinglichen Downloadpreisen in Online-Shops
- Die Noten sind mit wenigen Eingaben in der Online-Datenbank gefunden und heruntergeladen
- Unabhängig von verständlicherweise vergleichsweise kleinen Lagerbeständen von Notengeschäften
- Kein Platzbedarf für die Notensammlung
- Umblättern per Taster und/oder Touchscreen ohne jeglichen Zeitaufwand, Lärm oder Konzentration möglich
- Der ScoreCue steht stabil auf dem Ständer, fällt nicht zu oder herunter

Zielgruppe

Die Zielgruppe des BHK ScoreCue ist zunächst auf Musiker beschränkt. Von Musikstudenten oder Schulen, die einen ermäßigten Klassensatz bestellen könnten, über Berufsmusiker bis hin zu Beginnern, die gerade ihre erste Unterrichtsstunde am Klavier, der Geige o.Ä. nehmen, können alle ohne Bedenken zum ScoreCue greifen. Dank der intuitiven und einfachen Bedienung sowie der Beschränkung auf wesentliche Funktionen (bei modernen Handys kommt oft die Frage auf, ob man neben den unzähligen Funktionen denn auch noch telefonieren könne) werden keine Voraussetzungen und/oder Kenntnisse mit vergleichbaren Geräten vom Benutzer vorausgesetzt. So können Kunden jeden Alters ohne Bedenken unser Produkt erstehen.

Da wir beim ScoreCue wertvolle Erfahrungen in den Bereichen Embedded Systems und Softwareentwicklung sammeln werden, ziehen wir in Erwägung, mittelfristig technisch ähnliche Geräte für ganz andere Zielgruppen zu entwickeln. Wie der Erfolg von iPhone und iPad beweist, sind den Einsatzzwecken kompakter Touchscreen-Geräte mit selbsterklärender Bedienung keinerlei Grenzen gesetzt.

Erste Akzeptanzbefragungen unter Berufsmusikern haben gezeigt, dass das Interesse an benutzerfreundlichen, erschwinglichen und zuverlässigen digitalen Notenpulten groß ist und viele potentielle Anwender von der Kosteneffektivität überzeugt sind; auch ambitionierte Hobbymusiker können sich den Kauf dieses nützlichen Musikzubehörs vorstellen.

Unsere Branche

Die Entwicklung des BHK ScoreCue ist insofern spannend, als sie zwei scheinbar sehr unterschiedliche Branchen miteinander verbindet: Die schnelllebige Technologiebranche stellt durch den ScoreCue einen Fortschritt für zeitlose und immer dagewesene Musik dar.

Die IT-Branche hat in den letzten zwei Jahrzehnten, und ganz besonders durch das Internet als Wachstums- und Zukunftsmarkt, einen Boom ohnegleichen erlebt. Die Musikbranche blickt auf eine Jahrtausende alte Geschichte und ständige Entwicklung zurück und stellt einen stabilisierenden Gegenpol zur schnelllebigen IT-Branche dar.

Weder die auch in Zukunft immer weiter wachsende IT-Branche, noch Musik sind aus dem täglichen Leben wegzudenken. Das Potential beider Branchen, die alles andere als gesättigt sind, ist bei Weitem nicht ausgeschöpft; dem Wachstum ist keine Grenze gesetzt.

Marktvolumen

Für eine Einschätzung des marktwirtschaftlichen Potentials im Bereich Musik sind verschiedene Zahlen interessant; unsere Zielgruppe lässt sich fragmentieren in Berufs- und Gelegenheitsmusiker.

Das Volumen des Musikmarktes allgemein (exkl. Phonomarkt) lässt eine Einschätzung über die komplette Zielgruppe zu. 2006 lag der Umsatz hier bei über 6 Milliarden(!) Euro; gegenüber 1996 bedeutet dies ein Wachstum von 23,7 %, was unseren Markt als „Wachstumsmarkt" qualifiziert. (Quelle: Deutsches Musikinformationszentrum)

Wie groß das Marktfragment der Berufsmusikanten ist, zeigt sich darin, dass allein im Wintersemester 2005/06 von 1,982 Mio. Studenten an deutschen Hochschulen 2 %, also 32.000, Musik und/oder Kunst studierten (Quelle: Statistisches Bundesamt Deutschland). Schon diese kleinere Subzielgruppe ist zahlenmäßig erstaunlich stark; ferner ist hier das Interesse an einem Gerät wie dem BHK ScoreCue besonders ausgeprägt.

Ungleich mächtiger ist die Zweigzielgruppe der sogenannten Laienmusiker, auf die wir an dieser Stelle unser besonderes Augenmerk richten möchten: Von (2005) 21.121 Befragten spielten unabhängig von Geschlecht und Alter etwa 13,5 % ein Instrument. Mit 20,4 % verfügt ein großer Anteil über ein monatliches Haushaltsnettoeinkommen von 3500 Euro oder mehr; insgesamt kommen Menschen, die ein Instrument spielen, tendenziell eher aus einkommensstärkeren Schichten. Demographische Faktoren schwanken nur unerheblich und sind daher zu vernachlässigen. (Quelle: Deutsches Musikinformationszentrum)

Den Gesamtumsatz der IT-Branche – wie indirekt in der Aufgabenstellung gefordert? – zu benennen, wäre zwar möglich; den Zahlen dagegen Aussagekraft zu bescheinigen, wäre Augenwischerei und Selbstbetrug, da dem Marktvolumen von Computern, Druckern etc. jegliche Relevanz für die Einschätzung des theoretischen Marktvolumens für den BHK ScoreCue abgeht.

Konkurrenzsituation

Die Firma Klemm Music bietet ein verwandtes digitales Notenpult „MusicPad" in den Ausführungen Pro (Kostenpunkt: ca. 1000 Euro) und Maestro (keine Angaben zum Preis, da kein Vertrieb) an, das in jeder

Hinsicht weit hinter dem BHK ScoreCue zurückbleibt: Nicht nur die inzwischen völlig veraltete Technik, sondern auch die hohen Preise für sowohl das Pad, als auch das Zubehör, dessen Praxistauglichkeit mehr als fragwürdig erscheint, machen das MusicPad von Klemm Music für den durchschnittlichen Musiker gänzlich unattraktiv und kaum erschwinglich.

Ferner existieren reine Software-Lösungen, die in Verbindung mit konventionellen, Windows-basierten Tablet-PCs eingesetzt werden. Dieses Prinzip ist noch fragwürdiger, da viele Musiker sich nicht mit computerbezogenen Aufgaben auseinandersetzen wollen; weiterhin sind herkömmliche Tablet-PCs nicht auf die besonderen Bedürfnisse von Musikern zugeschnitten (zu kleine, hintergrundbeleuchtete, stromhungrige Displays; folglich zu kurze Akkulaufzeiten usw.).

Zugangsbarrieren für Konkurrenten

Die Zugangsbarriereren sind zwar theoretisch nicht höher als in vielen anderen Märkten; die Erfahrungen der letzten Jahre zeigen jedoch, dass es Unternehmen bislang nicht gelungen ist, technische Innovationen mit Musiker-orientierten Bedienkonzepten so zu verbinden, dass ein zufriedenstellendes Produkt entstanden wäre. Hier sehen wir uns als BHK klar im Vorteil, da wir eine Leidenschaft für neuste Technologie verbinden mit Liebe zur Musik und einem Hang zum Perfektionismus, besonders im Bereich der Usability.

Prinzipiell ist ein Hinzustoßen von Wettbewerbern natürlich nicht auszuschließen, doch bleibt uns im Vergleich zu diesen ein Zeit- und somit Wissensvorsprung. Somit sind wir der non-existenten Konkurrenz den entscheidenden Schritt voraus. Im Übrigen glauben wir an den Grundsatz, dass Konkurrenz das Geschäft auch beleben kann.

Alternativprodukte

Theoretisch wäre es möglich, etwa einen Tablet-PC mit entsprechender Software zu einer Art digitalem Notenpult werden zu lassen, doch oft fehlt dem durchschnittlichen Musiker das nötige Fachwissen sowie die Motivation, die verschiedenen Komponenten zu einem adäquaten Ersatzprodukt zu vereinen. Die Optimierungen, die BHK am ScoreCue im Bereich der Benutzerfreundlichkeit, Akkulaufzeit, Usability etc. vorgenommen hat, können solche Replacements nicht im Ansatz bieten.

Nicht vernachlässigen darf man außerdem die Tatsache, dass Tablet-PCs mit installiertem Standardbetriebssystem (Windows) Benutzer dazu verleiten, das Gerät auch für andere Zwecke zu verwenden; bei technisch weniger versierten Benutzern ist so bekanntlich schnell ein Virus eingefangen, was die Stabilität stark beeinträchtigen und so die Zuverlässigkeit des digitalen Notenpults einschränken kann.

Produktionspartner

Da der BHK ScoreCue aus zwar technologisch sehr aktuellen, dafür im innovationsstarken IT-Markt bereits etablierten Komponenten gefertigt wird, für die aktuell ein riesiger umkämpfter Markt besteht, ist BHK bei der Bestellung von Bauteilen in einer strategisch günstigen Verhandlungsposition und weitgehend unabhängig von einzelnen Zulieferern.

Strategie

Agenda

Als Startup-Unternehmen wünschen wir uns für den Zeitraum der nächsten fünf Jahre die Marktführerschaft in Deutschland für digitale Notenpulte. Doch schweben uns für technisch verwandte Produkte bereits unzählige andere Einsatzzwecke vor, die freilich allesamt eigene Bedienkonzepte und klar fokussiertes Marketing erfordern.

BHK können wir uns in einigen Jahren dabei gut als Innovationsmotor im schon heute boomenden Markt mobiler Touchscreen-Geräte vorstellen, wobei wir uns – bei Erfolg des ScoreCue – auf zielgruppenspezifische Geräte konzentrieren werden. Anstatt ein Standard-Gerät anzustreben, setzen wir auf ein diversifiziertes Angebot an Geräten, die sich in ausgewählten Berufsgruppen bzw. Interessengruppen aufgrund herausragender Praxistauglichkeit großer Beliebtheit erfreuen.

Wir nennen diese Produktgruppe Customized Tablet PCs mit Mehrwert und streben für diese ganz allgemein eine Marktführerschaft in Deutschland an. Für den Zeitraum danach, spätestens aber in fünf Jahren, peilen wir ein Vordringen in den europäischen und den internationalen Markt an.

Eine weitere Produktidee – mit großem Marktpotential – ist die digitale Speisekarte, Arbeitstitel BHK Men(c)ue, die technisch auf dem ScoreCue basiert, natürlich aber mit entsprechend zugeschnittener Software bestückt würde. Nicht nur das Wechseln der Tageskarte, das nun über einen zentralen Rechner erfolgen könnte, würde Zeit und somit Geld für den Gastronom sparen: Die Bestellung wird vom Kunden direkt über den Bildschirm eingegeben. Um die Wartezeit für die jungen Gäste zu verkürzen, bietet der Men(c)ue auch einen Modus an, in dem die Kleinen mit dem interaktiven Wachsmalstift ihrer Phantasie freien Lauf lassen können.

Auch Architekten könnten mit Hilfe tragbarer elektronischer Anzeigegeräte von BHK viel Zeit, Papier und Geld sparen. Die großformatigen Pläne (DIN A3 und größer) sind unhandlich und bei der Aufsicht einer Baustelle vom Architekten kaum sinnvoll mitzuführen. Für diesen Zweck könnte BHK ein entsprechend großes Gerät – den BHK CuePlan – für Bauherren und Architekten entwickeln, was Mobilität steigern und die obligatorische Bauaufsicht weitaus angenehmer machen würde; eine interessante Herausforderung wäre hier eine besondere Wetter- und Schlagfestigkeit, damit das Gerät auch den harten Baustellenalltag meistert. Die Kooperation mit einem Hersteller von CAD-Software ist denkbar, um den CuePlan mit einer Software zu bestücken, die die Leistungsfähigkeit etablierter Produkte mit komfortabler Fingerbedienung verbindet.

Konzeptionelle Planung

Auch, wenn wir – wie oben dargestellt – schon etliche Zukunftsvisionen für unser Unternehmen haben, möchten wir zunächst unsere ganze Aufmerksamkeit dem BHK ScoreCue widmen, um ein möglichst perfektes Produkt auf dem Markt zu etablieren. Dies scheint uns die beste Strategie, den Namen BHK positiv in den Köpfen potentieller Kunden und einer interessierten Öffentlichkeit zu verankern.

In Pressemeldungen und aussagekräftigen Broschüren, die wir an Fachpresse (IT, Musik) ebenso wie an Mainstream-Medien verteilen wollen – denkbar scheint auch, zusammen mit Fernsehsendern kompakte Reportagen zu produzieren – sehen wir die Möglichkeit günstiger und gleichzeitig sehr effektiver PR.

Da wir über keine eigenen Fertigungsanlagen verfügen – und diese sich zunächst auch kaum rechnen dürften – suchen wir die strategische Partnerschaft mit Hardware-Auftragsfertigern (Foxconn, HTC etc.), die bereits für namhafteste Marken computerverwandte Geräte nach dem Whitelabel-Prinzip herstellen, d.h. die Marke des Auftragsfertigers taucht auf dem Endprodukt nicht auf – sondern unser Logo.

Um dem BHK ScoreCue größtmögliche Popularität zu verschaffen, schwebt uns ein interessantes Vermarktungskonzept vor: Wir möchten den Markt von oben wie von unten aufrollen. Zusammenarbeit mit lokalen Musikgeschäften fördert die Mund-zu-Mund-Propaganda unter Musikern; daneben planen wir Kooperationen mit Branchengrößen, um das Produkt einem möglichst breiten Markt anbieten zu können. Insgesamt planen wir also ein mehrgleisiges Vermarktungskonzept, auf das wir in Aufgabe 4 detaillierter eingehen werden.

Insgesamt hoffen wir, mit dem auf Musiker zugeschnittenen BHK Score-Cue wertvolle Erfahrungen in den Feldern der Entwicklung von Embedded Systems sowie in zielgruppenspezifischem Marketing zu sammeln; Erfahrungen in der Leitung eines Unternehmens sollen uns langfristig ermöglichen, als Innovationsmotor einen jetzt schon boomenden Markt mitzugestalten. Soweit unser Budget dies dann hergibt, würden wir vor der Planung weiterer Produkte ausführliche Marktanalysen durchführen lassen, um im Vorfeld entscheiden zu können, welche Konzepte besonders lukrativ sein könnten.

Noch bevor der ScoreCue nach erfolgter Planung in Produktion geht, sollten wir für unser Konzept eines digitalen Notenpultes, das auf der neuen Touchscreen-Generation basiert, ein Patent beim Deutschen Patent- und Markenamt (DPMA) anmelden, um uns die Nutzungsrechte zu sichern und auszuschließen, dass neben uns noch andere wirtschaftlichen Nutzen aus unserem Produkt ziehen können.

SWOT-Analyse

Stärken/Möglichkeiten

Unsere aufgeschlossene, optimistische Art, Herausforderungen und Chancen zu begegnen, wird uns behilflich sein, in diesem florierenden Markt Euphorie und Marktgröße auszunutzen und nicht nur auf der Welle mitzuschwimmen, sondern selbst Wellen zu schlagen; unser Hang zum Perfektionismus wird uns mit Sicherheit helfen, Produkte zu entwickeln, die durch ganz besondere Praxistauglichkeit und Bedienkomfort hervorstechen.

Dabei zeichnet uns eine besondere Nähe zu unseren Zielgruppen aus – der Aspekt „customized" unserer Unternehmensvision hat für uns herausragenden Stellenwert. Geht es um den ScoreCue, kennen wir selbst als aktive Musiker bereits viele Bedürfnisse und stehen weiterhin in Kontakt zum Beispiel zu einem Gastprofessor der Musikhochschule Köln. Für die Entwicklung von CuePlan und Men(c)ue, sollte sie zustande kommen, würden wir den Kontakt zu Berufsverbänden suchen. Für unsere Internetseiten sind Interaktionsmöglichkeiten vorgesehen: Wir wollen Kunden signalisieren, dass wir auf ihr Feedback besonders angewiesen sind.

Obwohl gute Freunde, halten wir uns bei der Arbeit stets an strikte Teamregeln, die wir zu Beginn des Wettbewerbs gemeinsam festgelegt haben; straffe Organisation, Aufgabenteilung und die Benutzung eines BHK-internen Produktivitätstools, welches uns die komfortable gleichzeitige Arbeit am selben Dokument über das Internet erlaubt, haben bislang essentiell zu hervorragender Produktivität beigetragen.

Schwächen/Möglichkeiten

Vor nicht allzu langer Zeit erschien ein praxistaugliches mobiles Touchscreen-Gerät schon wegen der Mankos Bildschirmtechnologie und Stromverbrauch/Akkulaufzeit kaum machbar – gerade für ein Start-Up wie uns, das nicht über extensive Kapazitäten im Bereich Forschung und Entwicklung verfügt.

Die Situation hat sich in den letzten wenigen Jahren dramatisch verändert – ganz zu unserem Nutzen. Sogenannte Smartphones – Handys mit den Rechenkapazitäten eines durchschnittlichen Computers von vor zehn Jahren – sind längst im Massenmarkt angekommen; winzige, stromsparende Komponenten wie Prozessoren, Grafikchips und Touchscreens, die vor einigen Jahren in dieser Form kaum vorstellbar waren, gelten heute als absolut ausgereift und sind günstig zu erstehen.

Hier kann BHK anknüpfen und ein Produkt entwickeln, das dank minimaler Ausgaben für R&D und Fertigung erschwinglich ist und doch in keinster Weise einen Kompromiss zwischen Preis und Leistung darstellt.

Wenn uns beim BHK ScoreCue Wettbewerber in den Weg kommen, profitieren wir von einem mindestens einjährigen Zeitvorsprung: Durch ein Ansetzen des Preises in zunächst höheren Regionen können wir den ScoreCue als besonders begehrenswertes Objekt in den Köpfen potentieller Kunden verankern und die hohen Gewinne in weitere Entwicklungen reinvestieren; sobald Wettbewerber in den Markt eindringen, können wir den Preis schrittweise senken.

Das scheinbar geringe Volumen unserer Zielgruppe können wir mittelfristig durch Bereitstellen von Produkten für andere Märkte und langfristig durch Expandieren auf den europäischen und auf den Weltmarkt kompensieren, stellt die Expansion doch dank leicht internationalisierbarer Software einen Weg des Wachstums dar, der dank sehr überschaubarer Investitionskosten als besonders kosteneffektiv gilt.

Stärken/Gefahren

Nehmen wir unsere erste anvisierte Zielgruppe als Exempel: Musiker sind – zumindest als Stereotyp – nicht unbedingt bekannt dafür, gerne von Traditionen abzuweichen; es mag auf den ersten Blick nicht unbedingt wahrscheinlich wirken, dass sich viele Musiker für ein Produkt entscheiden, das scheinbar grundlegend die Kunst des Musizierens verändert.

Da wir, wie beschrieben, auf einen besonderen Draht zu unseren Zielgruppen setzen, können wir präzise die Parameter ermitteln, die stimmen müssen, damit Musiker das Produkt begehren. Dank unserer Expertise in den Bereichen Marketing und Corporate Identity (Werbekonzepte: Arbeiten mit den Stimmungen potentieller Kunden) sind wir uns sicher, unsere Konzepte stets erfolgreich in die Praxis umsetzen zu können.

Auch wenn das Produkt in einer ersten Version bereits fertiggestellt ist, wollen wir die Kontakte zu unseren Zielgruppen weiter ausbauen, um gegenüber möglichen Konkurrenten nicht ins Hintertreffen zu gelangen und als Marke BHK von der Zielgruppe als Innovationsmotor wahrgenommen zu werden (Stichwort: Kundenbindung).

Schwächen/Gefahren

Trotz aller Euphorie sind wir als Team stets bodenständig und ziehen selbstbetrügerischem Über-Optimismus vor, unsere Konzepte und Ideen im Rahmen eines ausgefeilten Risikomanagements stets von fachkundigen Beratern aus den Bereichen Wirtschaft, Musik, Embedded Systems und Marketing gegenprüfen zu lassen.

Weiterhin haben wir – wie oben skizziert – neben dem ScoreCue, auf den wir uns zunächst unbedingt konzentrieren, immer noch Plan B, Plan C etc. in petto; so können wir, ohne fundamentale Konzepte zu verwerfen, bei möglichem Misserfolg des ScoreCue immer noch zeitnah reagieren.

Produkt und Vertrieb

Produktplanung

Wir von BHK möchten uns in unserem ersten Geschäftsjahr auf die Entwicklung und den Vertrieb nur eines Produktes konzentrieren. Hierbei handelt es sich um den BHK ScoreCue, ein digitales Notenpult, das sich durch eine herausragende Usability und Praxistauglichkeit auszeichnet. Bei der Entwicklung machen wir uns den aktuellen Boom des Marktes für Touchscreen-Geräte zunutze: Eine neue Generation sehr stromsparender wie kostengünstiger Touchscreen-Module erlaubt uns, eine konzertreife Akkulaufzeit zu gewährleisten.

Ergänzend ist – im Sinne unseres Selbstverständnisses als Partner unserer Kunden für praxisnahe Lösungen – eine umfassende, gleichwohl überschaubare Zubehörpalette geplant: Ein zusätzlicher Memory-Stick ermöglicht dem Kunden die Speicherung von noch mehr Noten und Anmerkungen; Spielern eines jeden Instrumentes machen abgestimmte Pedalschalter und ergonomische Handtaster sowie Stative und Befestigungen die Handhabung so bequem wie möglich.

Und geht trotz unseres kundennahen Entwicklungsablaufes beim Benutzer einmal etwas schief, steht der BHK-Service mit Rat und Tat zur Seite. Hier werden verschiedene Hotlines und Supportadressen (Post und E-Mail) angeboten, sodass der Kunde möglichst direkt beim richtigen Ansprechpartner landet. Ein zufriedener Kunde, der auch seinen nächsten Customized Tablet PC mit Mehrwert bei BHK kauft, unsere Produkte weiterempfiehlt und sich kritisch mit unseren Produkten auseinandersetzt, ist uns den Aufwand wert, den ein intensiver Support kostet. Der Service ist bedeutende Säule unserer Nachhaltigkeits-Strategie.

Ist eine Sättigung des Marktes vorerst erreicht und der ScoreCue ausgereift, werden wir uns der Produktion eines zweiten Customized Tablet PC mit Mehrwert widmen. Sollten weitergehende Marktanalysen dem Vorhaben Potential bescheinigen, könnte das der BHK Men(u)cue sein: eine digitale Speisekarte, die der Gastronomie in unserer schnelllebigen Gesellschaft eine Renaissance ermöglichen soll. So kann der Wirt die Tageskarte mittels eines zentralen Rechners mit wenigen Klicks wechseln, was einen mühsamen manuellen Wechsel ersetzen könnte. Der Gast gibt die Bestellung bequem direkt über den Touchscreen ein.

Der BHK CuePlan könnte mit besonders großem Touchscreen und angepasster CAD-Software etwa Architekten die Arbeit in Planungs- und Ausführungsphase erleichtern.

Auf der Meta-Ebene stellt BHK die Kundenzufriedenheit (customer satisfaction) in den Mittelpunkt seiner Produktpolitik – als herausragendes Alleinstellungsmerkmal betrachten wir unseren sogenannten Expertenstatus, über den wir dieses Ziel erreichen können.

Wir von BHK setzen uns zur Konkurrenz besonders in den Merkmalen Qualität, Preis und Service ab.

Durch unseren Expertenstatus, den wir nicht zuletzt durch unseren regen Kontakt mit den Kunden und unsere eigene Erfahrung als Musiker sowie die enge Zusammenarbeit mit Gastprofessoren verschiedener Musikhochschulen innehaben, können wir eine hervorragende Funktionalität unseres ScoreCues garantieren. Wir setzen auch auf Hochwertigkeit der Produkt-Hardware – dafür stehen wir mit unserem Namen.

Verkaufskonzept

Das Verkaufskonzept für den ScoreCue sieht einen mehrgleisigen, diversifizierten Vertrieb auf verschiedensten Verkaufskanälen vor, um eine möglichst breite Masse anzusprechen und so den Umsatz zu maximieren, was gerade in der Anfangsphase nach Neugründung eines Unternehmens von großer Wichtigkeit ist.

Für unsere Großkunden, die einen wichtigen Abnehmer für BHK darstellen, ist mittelfristig ein Key Account Manager zuständig, der Verträge mit zentralen Größen im Markt schließt. So laufen bereits erste Verhandlungen mit Musikhaus Thomann, Music Store Köln und Musik Produktiv an, die neben riesigen Verkaufshallen vor Ort auch über einen florierenden Internetversandhandel verfügen. So konzentrieren sich unsere Key Account Manager beispielsweise nur auf je drei oder vier Großkunden; so ist reibungslose Kommunikation und eine schnelle Bearbeitung von Bestellungen und Fragen von Endkunden garantiert.

Neben den genannten Marktgrößen soll der ScoreCue verstärkt auch über kleine Musik-Fachgeschäfte abgesetzt werden, in denen (natürlich auch aus pragmatischen Gründen) oft gesteigerter Wert auf eine überschaubare Bandbreite der angebotenen Produkte gelegt wird und wo eine ausführliche fachliche Beratung im Mittelpunkt steht. So möchten wir noch einmal verschiedene Untergruppen der Zielgruppe ansprechen und erreichen.

Zusätzlich soll es die Möglichkeit geben, den ScoreCue direkt über BHK zu beziehen. Dies wird sowohl über das Formular unserer Internetpräsenz als auch auf telefonischem oder schriflichem Wege möglich sein. So liegt dem Infomaterial, das man kostenlos anfordern kann, ein vorgefertigter Coupon mit bezahltem Rückporto bei.

Unser Partnerkonzept sieht vor, externen Vertrieblern attraktive Provisionen für jeden abgesetzten ScoreCue anzubieten – so können wir die Verbindungen von in der Branche erfahrenen Kaufleuten nutzen, ohne eigenständig sämtliche Orchester und Ensembles Deutschlands und der Welt besuchen zu müssen.

Mittelfristig sollen dann verschiedene BHK-Außendienstzentralen für Nord-, Süd-, Ost- und Westdeutschland eingerichtet werden, die den Vorteil der Nähe zum Kunden nutzen und neben lokalen Einzelhandelsgeschäften auch gezielt Kontakt mit Orchestern, Berufsverbänden und Hochschulen aufnehmen. Abhängig von der Stückzahl, die der Kunde beziehen möchte, kann der zuständige Vertriebler im ständigen Dialog mit dem Interessenten ein individuelles Angebot unterbreiten: Dieses soll unter Berücksichtigung des optimalen Verhältnisses zwischen Nachlass (Mengenrabatt; ab 50 Stück streben wir 15 % Nachlass an) für maximale Zufriedenheit auf Kundenseite ebenso wie für erfreulichen Umsatz bei BHK sorgen.

Öffentlichkeitsarbeit

Kommunikationskonzept

Unsere Kommunikationspolitik sieht unterschiedliche Wege vor, den Kunden zu erreichen und über unser Produkt zu informieren. Im Rahmen der klassischen Werbung setzen wir auf Printmedien (Werbeanzeigen und Flyer), eine Internetpräsenz und besonders auf PR (Public Relations).

Bei der Konzeption unserer Werbeanzeigen orientieren wir uns an der AIDA-Formel, die wir für unsere Zwecke weiterentwickelt haben. Wir wollen den potentiellen Kunden nicht nur aufmerksam machen und sein Interesse wecken – wir wollen ihn auch fordern, damit er sich aktiv mit BHK auseinandersetzt. So sollen unsere Werbeanzeigen kleine Geschichten erzählen, soweit dies ein unbewegtes Medium zulässt. Um Leser zu ermutigen, mit uns Kontakt aufzunehmen („Response"-Prinzip), drucken wir auf jede Anzeige, die wir in ausgewählten Musikzeitschriften (z.B. „Keys") veröffentlichen möchten, unter unsere Internetadresse noch das Versprechen, dass Kunden bei Erwerb des ScoreCue per Internet eine Gutschrift über 5 Euro für den BHK Online-Notenshop erhalten.

Bei der Ausgestaltung der Werbeanzeigen möchten wir eine konservative Farbgebung harmonisch verbinden mit sehr lebendigen, nicht jedoch sehr ausgefallenen Fotos jüngerer Musiker in leuchtenden, plastischen Farben. Auf diese Weise wollen wir erreichen, dass jüngere Leser sich mit den dargestellten Personen identifizieren können, während älteren potentiellen Kunden das Gefühl vermittelt wird, die Benutzung des ScoreCue würde sie selbst „jünger machen", anstatt dass sie sich aufgrund zu „hippen" Bildmaterials ausgeschlossen fühlen.

Der Slogan „Musik befreit." schließlich kann auf zweierlei Weise interpretiert werden: Dank des BHK ScoreCue ist die Musik endlich vom lästigen Umblättern befreit; ganz allgemein gilt Musik als befreiender Kontrapunkt zum hektischen Alltag, was auch Element unserer Bildsprache ist. Eine Beschäftigung des Lesers mit dieser Interpretation soll die Werbeanzeige stärker im sogenannten episodischen Gedächtnis verankern.

Im Fokus unserer Online-Aktivitäten liegt es dann, dem (potentiellen) Kunden zu signalisieren, dass seine Mitarbeit am Produkt in Form von Lob und Tadel willkommen ist. Er erhält auf diese Weise das Gefühl, Teil eines auf ihn in bestmöglicher Weise zugeschnittenen Produkts zu werden; er tritt in Kontakt mit BHK und baut damit eine persönliche Bindung auf.

Insgesamt möchten wir uns bei der Schaltung von Anzeigen aber quantitativ einschränken. Unsere Analysen haben ergeben, dass zwischen den für eine sehr breit angelegte Werbekampagne benötigten Ausgaben und unserem anfänglichen Kapital eine Diskrepanz klafft, die der zu erwartende Effekt nur begrenzt rechtfertigt.

Flyer können vergleichsweise kostengünstig gedruckt werden und viele Menschen erreichen. Eine Auslage bei Konzerten oder etwa in Musikhochschulen könnte durch die ansprechende Ausgestaltung der Flyer bei potentiellen Kunden Interesse („I" der AIDA-Formel) oder gar das Verlangen („D" der AIDA-Formel für engl. „desire") nach dem Erwerb unseres ScoreCue wecken.

Auf Fernsehwerbung verzichten wir bewusst, da wir als Startup-Unternehmen nicht die nötige Liquidität mitbringen und sich die horrenden Kosten für jede Sekunde im Werbefenster sehr wahrscheinlich nicht auszahlen würden; unsere Zielgruppe ist über andere Kommunikationskanäle viel gezielter zu erreichen – so gibt es keine Sendung, in der wir besonders viele aktive Musiker/potentielle Kunden vor dem Schirm wähnen.

Gerne würden wir auch eine ansprechende Webpräsenz entwickeln; leider sind uns aufgrund des funktionell stark behindernden „Homepage-Builders" hier die kreativen Hände gebunden.

Neben den genannten Maßnahmen setzen wir große Hoffnungen in PR (Public Relations), was gerade für uns als Startup ein sehr günstiges und zugleich sehr effektives Mittel der Werbung im weiteren Sinne ist. Konkret planen wir Pressemitteilungen, die interessierte Journalisten dazu animieren sollen, unsere aussagekräftigen Pressemappen und -flyer zu beziehen. An die Testlabore von Zeitschriften mit Supremacy in der Musik- oder IT-Branche können wir Probeexemplare des ScoreCue versenden – wir sind überzeugt, dass ein euphorischer Testbericht über dieses exzellente Produkt in einer Zeitung mit entsprechender Auflage eine weit höhere Wirkungsbreite hat als jede Anzeige.

Vom sogenannten Guerilla-Marketing nehmen wir zunächst Abstand, da wir dieses für unser Produkt als zu unseriös erachten.

Pressemitteilung

Musik im einundzwanzigsten Jahrhundert: das digitale Notenpult – eine Innovation von BHK.

Das Aachener Startup-Unternehmen **BHK** – ein Team aus technologiebegeisterten Ingenieuren und aktiven Musikern – wollte sich nicht damit abfinden, dass technologischer Fortschritt an der Musikwelt bisher vorbeigegangen ist.

So entstand das digitale Notenpult **BHK ScoreCue**: ein revolutionäres und doch so naheliegendes Touchscreen-Gerät, das Musiker endlich vom lästigen und lauten Umblättern befreit. Pedale erübrigen ein Absetzen vom Instrument. Unpraktische Notenberge weichen einem 800 Gramm leichten, optisch ansprechenden, robusten Tablet PC. „Musik befreit" lautet das Motto des **BHK ScoreCue**.

„Von Computern bin ich lange Einarbeitungszeiten und regelmäßige Abstürze gewohnt. Der **BHK ScoreCue** ist erstaunlich selbsterklärend und macht einfach Spaß", schwärmt Dieter Gillessen, Dozent an der Hochschule für Musik Köln.

Für David Muschiol, als Chief Innovation Officer bei **BHK** auch für Usability zuständig, nicht verwunderlich: „Wir wissen, dass die Benutzerfreundlichkeit der Software darüber entscheidet, ob ein Produkt in der Praxis nützlich ist. Entsprechend viele Ressourcen haben wir in die Usability-Forschung gesteckt." Robert Meyer, Chief Technical Officer bei **BHK**, erklärt: „Zu oft gibt es technologische Innovationen, die letztlich im Praxiseinsatz scheitern. Der anwenderorientierte Entwicklungsprozess bei **BHK** wirkt dem entgegen."

Einen wirtschaftlichen Nutzen für Kunden und Investoren erwartet Tobias Burgholz, Chief Executive Officer der **BHK**. Für seltenere Orchesterpartituren steigen Kosten im Fachhandel schnell in den dreistelligen Eurobereich. Schuld ist das umständliche Vertriebsmodell.

„Im Noten-Onlineshop können wir die Kostenschraube bis zum Anschlag festzurren. So können sich erstmals die meisten Hobbymusiker größere Notensammlungen leisten." Die Investition **ScoreCue** – Kostenpunkt zunächst etwa 500 Euro – zahlt sich für den Anwender schnell aus, wenn die ersten Noten gekauft sind. „Wir erschließen hier einen Markt mit ungeahntem Volumen", erläutert Burgholz. Ein Konzept, von dem sich auch Investor Kirsch von der Sparkasse Aachen schnell überzeugen ließ.

Zu oft versuchen Hersteller moderner Touchscreen-Geräte, die sprichwörtliche „eierlegende Wollmilchsau" zu entwickeln. Dr. Ralf Hillemacher, renommierter Unternehmensberater, skizziert: „**BHK** spezialisiert sich auf *Customized Tablet PCs mit Mehrwert*: Geräte, die auf eine ganz bestimmte Zielgruppe ausgerichtet sind und – im Gegensatz zu iPad und vergleichbaren Geräten – Praxistauglichkeit auch im geschäftskritischen Einsatz bieten." Nicht nur Musikern will **BHK** in den nächsten Jahren das Leben leichter machen.

In wenigen Jahren – so die Vision von **BHK** – werden bei professionellen Konzerten klassische Papiernoten zur Ausnahmeerscheinung und der **ScoreCue** zum Musik-Standard. Aber auch in anderen Branchen werden *Customized Tablet PCs mit Mehrwert* von **BHK** bald nicht mehr wegzudenken sein, sind die Aachener überzeugt.

Website

Zur Erstellung der Website waren wir an einen sogenannten „Homepage-Builder" gebunden, der unsere gestalterischen Möglichkeiten erheblich beschränkte. Das Ergebnis können Sie mit einem Klick auf „Produkt- und Unternehmenswebsite" abrufen unter

→ *http://david-muschiol.de/2010/bhk-scorecue/*

Werbeanzeige

Sie finden die nachfolgend abgedruckte Anzeige auch im Web unter

→ *http://david-muschiol.de/2010/bhk-scorecue/*

BHK ScoreCue

Startseite

Der ScoreCue

FAQ

Online-Bestellung

Noten-Onlineshop

Über BHK

Presse

Kontakt und Service

Impressum/AGB

Musik befreit.

Musik im einundzwanzigsten Jahrhundert: eine Innovation aus dem Hause BHK.

Stellen Sie sich vor, statt unpraktischer Notenbücher, die gern von alleine zuklappen, statt loser Notenblätter, die schon von leichtem Luftzug verweht werden, hätten Sie ein digitales Notenpult, das sich per Taster, Pedal oder gar per automatischer Notenerkennung umblättern lässt.

„Auf eine so komfortable Lösung wie den BHK ScoreCue hat die Musikwelt lange gewartet. Schön, dass sich das Warten gelohnt hat."

—Dieter Gällessen, Dozent
Hochschule für Musik Köln

Wovon Musiker seit jeher träumen, hat **BHK** nun Wirklichkeit werden lassen: mit dem **BHK ScoreCue** gibt es jetzt endlich das digitale Notenpult, das dank modernster Technik nicht nur konzerttaugliche Aktualität bietet, sondern auch für den Hobby-Gebrauch erschwinglich ist.

Und weil der **BHK ScoreCue** von Musikern selbst mitentwickelt wird, ist garantiert, dass seine Verwendung nicht nur selbsterklärend und intuitiv ist, sondern sogar Spaß macht.

Erfahren Sie mehr über den ScoreCue!

Ab sofort für

500,— €

in Ihrem örtlichen Musikgeschäft oder bei uns per Online-Bestellung erhältlich.

Haben Sie Fragen oder Anregungen? Auf Ihr Feedback sind wir angewiesen! Also melden Sie sich gerne bei uns.

Unsere Startseite

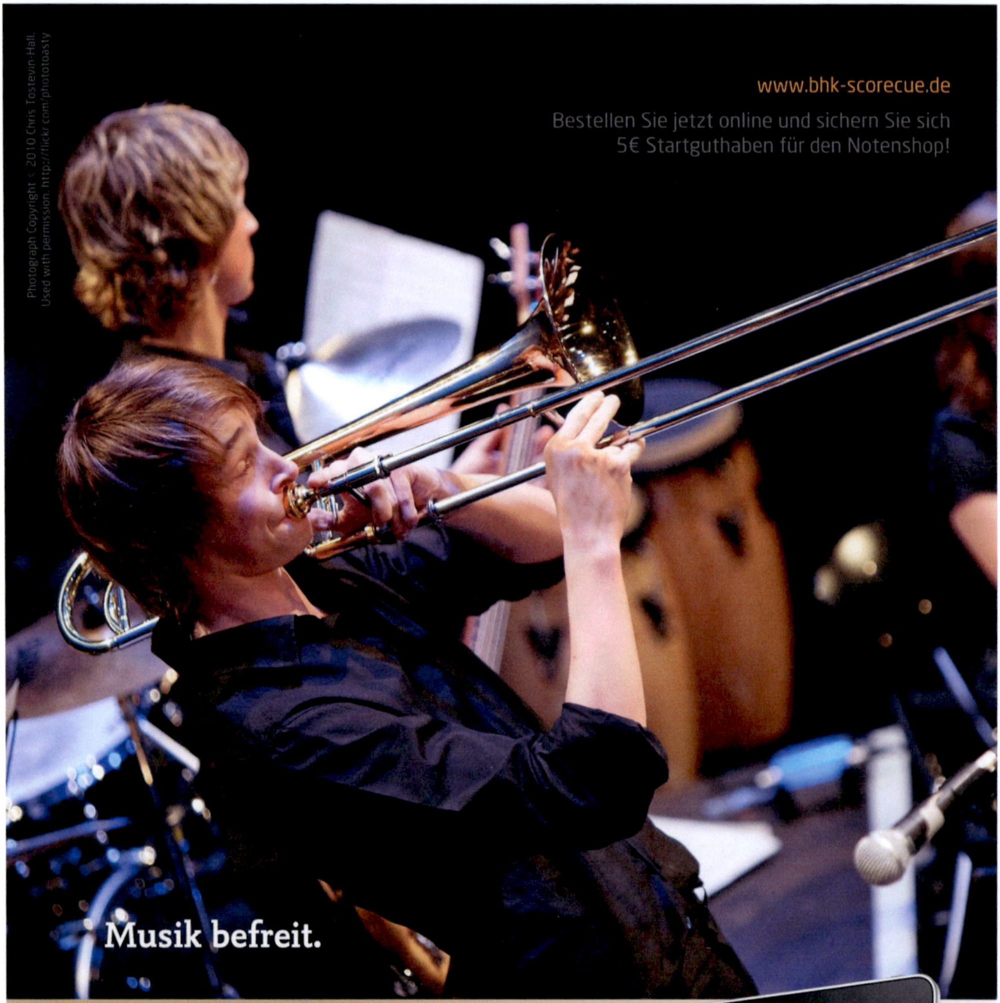

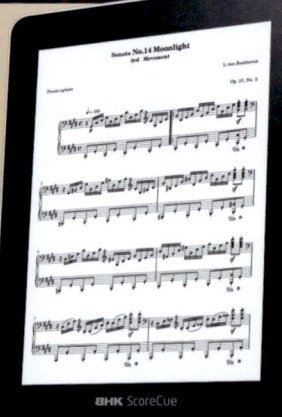

Finanzen

Zur Durchführung der Kostenkalkulation wurde uns eine Excel-Tabellenvorlage zur Verfügung gestellt. Unsere Berechnungen können Sie mit einem Klick auf „Kostenkalkulation" abrufen unter

→ *http://david-muschiol.de/2010/bhk-scorecue/*

Gewinnschwelle

Das Überschreiten des Break-even-Points peilen wir für unser drittes Geschäftsquartal an.

Startkapital

Favorisierte Quellen für unser Startkapital sind: Sparkassen-Gründungsdarlehen (unter Einbeziehung öffentlicher Fördermittel); High-Tech Gründerfonds; Stille Beteiligung; Venture Capital/Wagniskapital; Förder-Institutionen.

Von den Einrichtungen, die in Deutschland Startups und mittelständische Unternehmen unterstützen, haben wir uns näher auseinandergesetzt mit: Sparkasse; KfW; IHK Aachen; ERP.

Rechtsform

Beim Unternehmen BHK handelt es sich um eine Gesellschaft mit beschränkter Haftung: die BHK GmbH.

Bei der Wahl der Rechtsform sahen wir uns zunächst vor das Problem gestellt, dass wir beim Gang durch die wettbewerbseigene virtuelle „Bibliothek" die von uns lange anvisierte „Unternehmergesellschaft (haftungsbeschränkt)", im Volksmund auch „Mini-GmbH" genannt, nicht im Vorgabenkanon ausfindig machen konnten. Eine Konsultation mit „Mister S" (die Spielleitung, Anm. d. Red.) konnte hier zügig Abhilfe schaffen; die UG wurde in die Bibliothek eingepflegt. Letztlich aber förderte unsere Kostenkalkulation zu Tage, dass die finanziellen Dimensionen unseres unternehmerischen Handelns die Gründung einer GmbH ohne Umwege möglich und sinnvoll machen.

Die für uns optimale Rechtsform sehen wir in der GmbH, weil sie als Kapitalgesellschaft sämtliche Verbindlichkeiten aus ihrem Gesellschaftsvermögen zu begleichen hat; die Gesellschafter haften nur im Falle rechtswidrigen Handelns. Hier sehen wir einen klaren Vorteil gegenüber einer Personengesellschaft, bei der im Insolvenzfalle die Gesellschafter selbst mit ihrem Privatvermögen für Verbindlichkeiten aufzukommen haben – ein Risiko, dem wir uns als Jungunternehmer nicht aussetzen möchten.

Allgemein gilt die GmbH in Deutschland als die klassische Rechtsform solider mittelständischer Unternehmen. Geschäftspartner wie etwa Zulieferer erkennen, dass es sich bei der BHK GmbH um ein seriöses Unternehmen mit ausreichender Liquidität handelt, ist doch zur Gründung ein Kapital von 25.000 Euro vonnöten. Hierfür nehmen wir gerne den Mehraufwand in der Buchführung in Kauf, der sich gegenüber kleineren Rechtsformen ergibt.

Die GmbH ist gekennzeichnet durch klare Strukturen (Gesellschafter-versammlung, Geschäftsführung) – anders als die Aktiengesellschaft (AG), die in vielen Punkten komplexere – und damit für unsere Vorhaben unnötig aufwändigere – Formvorschriften als die GmbH hat.

Teamreport

Startphase

Wir von BHK sind ohne Anfangsschwierigkeiten, mit voller Begeisterung und großem Elan in den Wettbewerb gestartet – hier trug die Kickoff-Veranstaltung einen wesentlichen Teil bei, seit der die Arbeit für den Wettbewerb ansprechende Herausforderung ist.

Ein Gunstfaktor, den BHK genießt, ist sicherlich unsere gemeinsame Schullaufbahn in derselben Klasse. So sind wir bereits vor unserer Teilnahme am Deutschen Gründerpreis für Schüler sehr oft in derselben „Dreieckskonstellation" zusammengekommen, um zahlreiche Schul- und Kunstprojekte gemeinsam zu bestreiten.

Weiterhin verbindet uns eine langjährige Freundschaft, die an unserer regelmäßigen Zusammenarbeit stets gewachsen ist, was uns vor allem bei der teaminternen Kommunikation zugute kommt. Jeder kennt die Stärken und Schwächen des anderen, jeder weiß Kritik konstruktiv zu äußern und mit solcher umzugehen.

An dieser Stelle möchten wir das Zitat unseres Betreuers und früheren Klassenlehrers, Herrn Ralf Hillemacher, anbringen auf die Frage, ob er sich realistische Chancen für eine akzeptable Platzierung von BHK im Wettbewerb ausrechne: „Was ihr drei bisher angepackt habt wurde doch immer zu Gold!" Gestärkt und bestätigt durch dieses Vertrauen, das unser Betreuer in uns hat und uns entgegenbringt, riefen wir gleich eine Teamsitzung in unserem Stammlokal bei einer Currywurst zusammen, in der wir unsere Herangehensweise an den Wettbewerb und Organisatorisches klärten.

Um bei solch guten Voraussetzungen aus dem Vollen schöpfen zu können, war zunächst eine grobe Absteckung der von jedem zu bearbeitenden Aufgabenteile unter Berücksichtigung der Stärken und Schwächen jedes Einzelnen unausweichlich. Dank unserer gemeinsamen Teamerfahrung waren wir uns schnell über die jeweiligen persönlichen Kompetenzen einig:

Als sehr aktiver Hobbymusiker, der ein Maschinenbaustudium anstrebt und somit auch eine ausgesprochene technische Begabung sowie mathematisches Verständnis mitbringt, stellt Tobias Burgholz die Brücke zwischen IT- und Musikbranche dar. Da er die Ausgangsproblematik im Umgang mit Noten in Papierform in eigener Erfahrung kennengelernt hat, weiß er genau, was der ScoreCue mitbringen muss, um das Musizieren komfortabler zu machen. Als Geschäftsführer ist er auch für die Finanzplanung zuständig.

David Muschiol ist technisch zwar auch stets am Puls der Zeit und als Gelegenheitsmusiker ebenso mit der Papiernoten-Problematik konfrontiert; für die Zeit nach dem Abitur plant er jedoch eher ein Studium im gesellschaftswissenschaftlich-kreativen Bereich. In das Team bringt er – neben vielen innovativen Produktideen – ausgesprochene Erfahrung mit der Ausarbeitung von sogenannten Corporate Designs für Unternehmen mit ein; zielgruppengerechte Marketingkonzepte reizen ihn dabei besonders. Auch im wirtschaftlichen Bereich bringt er umfangreiches Vorwissen mit.

Der wissenshungrige Robert Meyer gilt als bodenständiger Naturwissenschaftler, dessen besondere Fähigkeit es ist, innovative Konzepte technologisch Wirklichkeit werden zu lassen. Seine umfangreichen Kenntnisse im IT-Bereich helfen dabei ebenso wie seine Fähigkeiten in der Recherche. Dank letzterer kann BHK zum Beispiel auf die innovative Bildschirmtechnologie Pixel-Qi zurückgreifen, die erst den günstigen Preis und die langen Akkulaufzeiten des BHK ScoreCue ermöglicht und uns so die Präsentation eines glaubwürdigen Produktkonzepts ermöglicht. Nicht unerwähnt bleiben sollten auch die erstaunlichen Motivationskünste des Allrounders Robert.

Verlaufsphase

Ein mittleres Motivationstief erfuhren wir, als wir bei einer mitternächtlichen Sitzung am Konferenztelefon endlich die Aufgabenstellung 6 in den virtuellen Händen hielten: Anders als in den vergangenen Jahren ist nun zur Gestaltung der Website verpflichtend und ausschließlich von einem „Homepage-Builder" Gebrauch zu machen, dessen Funktionen sich an einer Hand abzählen lassen und der keinen Raum zur kreativen Entfaltung der einzelnen Teams und somit zur Individualität bietet.

Dass die Organisatoren des Deutschen Gründerpreises für Schüler nicht davon ausgehen können, dass jedes Team einen Experten im Bereich des Webdesigns in den eigenen Reihen wähnt, ist verständlich – letztlich soll der Homepage-Builder eine gewisse Chancengleichheit im Wettbewerb garantieren. Trotzdem war dies für uns von BHK ein kleiner Rückschlag und bedeutete eine gewisse Enttäuschung.

Wegen unserer Abiturvorbereitungen gab es zwischenzeitlich Engpässe in unserem Zeitmanagement. Da wir von BHK nachhaltig denken, steht das Abitur natürlich zunächst im zentralen Fokus; dennoch gelang es uns stets, die eine oder andere Stunde in die Bearbeitung der noch ausstehenden Aufgaben zu investieren. Unsere interne Produktivitätssoftware, die nebst Telefonkonferenzen auch das gleichzeitige Arbeiten am selben Dokument in Echtzeit über das Internet ermöglicht, konnte in dieser Phase ihre Stärken voll ausspielen. So konnte die temporäre Tiefphase schnell überwunden werden.

Bei unseren Meetings haben uns auch die in Aufgabe 2 aufgestellten Teamregeln geholfen, die Produktivität bei minimalem Zeitaufwand zu maximieren; allerdings basieren diese natürlich auf normalen und selbstverständlichen Umgangs- und Kommunikationsregeln, die einer funktionierenden zwischenmenschlichen Verständigung auch im täglichen Leben zugrunde liegen sollten.

Status quo

Bei der Teilnahme am Deutschen Gründerpreis für Schüler haben wir nicht nur die verschiedensten Aspekte der Unternehmensgründung kennengelernt: Auch die Bearbeitung der Aufgaben und unsere Teammeetings haben uns Neues gelehrt. So sind wir mit mehreren Aufgaben gleichzeitig betraut worden, deren Deadlines für sich allein betrachtet zwar fair bemessen waren; simultan mehrere Aufgaben ausführlich und zufriedenstellend zu lösen – bei parallelem Erwerb des Abiturs – war allerdings teils kräfteraubend und setzte eine überragende Organisation voraus.

Auch ist es uns mit der Zeit leichter gefallen, ohne das anfängliche unsichere Gefühl die vielschichtigen Aufgaben unter Berücksichtigung unserer individuellen Stärken und Schwächen auf uns Teammitglieder aufzuteilen und somit auf der einen Seite die volle Verantwortung für den eigenen Aufgabenteil zu übernehmen; auf der anderen Seite Aufgabenteile ohne Bedenken in die Hände unserer Teammitglieder legen zu können. Dies fordert und fördert natürlich ein hohes Maß an Vertrauen. Die zu Beginn schriftlich festgehaltene Einschätzung der besonderen Kompetenzen der Teammitglieder half hier sehr.

Für die weitere Spielphase – und nicht zuletzt auch für die Zukunft – haben wir weiterhin gelernt, wie man sich vor der Lösung der Aufgaben zunächst unter Zuhilfenahme von Fachliteratur (hier beispielsweise aus der Online-Bibliothek) in das Thema effektiv hineinarbeiten kann. Auch möchten wir vermehrt Gebrauch von der Internet-Konferenztelefonie machen, die sich als Instrument der reibungsfreien Kommunikation herausgeperlt hat: vom eigenen Schreibtisch aus. Nicht etwa soll dies eine persönliche Zusammenkunft ersetzen; vielmehr erlaubt dies schon vor einem Meeting, bei dem dann alles zusammengefügt und nochmals in der Gruppe überarbeitet wird, eine Vorabbesprechung.

Das BHK-Team setzt sich zusammen aus Persönlichkeiten, die im musikalischen, im technischen, im wirtschaftlichen und im psychologisch-werberisch-gestalterischen Feld auf nennenswerte Erfahrungen zurückgreifen können. Das hat eine Kultur des interessierten Wissensaustausches zur Folge. Die Tatsache, dass in jedem aufgabenrelevanten Bereich einzelne Mitglieder immerhin Grundkenntnisse mitbringen, beschert uns den angenehmen Effekt, dass die Themenexperten den anderen Mitgliedern grundlegende Sachverhalte gleich sehr anschaulich, z.B. unter Zuhilfenahme von Flipcharts, erläutern können und dass bei Recherchen gleich nach vertiefenden Informationen gesucht werden konnte anstatt dass der mühselige Erwerb von Basiskenntnissen die Tagesordnung vereinnahmte.

II

Der Businessplan

Zusammenfassung

Wir, das Aachener Startup-Unternehmen BHK GmbH, haben uns zur Aufgabe gemacht, die Technologie modernster Tablet-PCs für die Entwicklung besonders praxistauglicher und benutzerfreundlicher Touchscreen-Geräte anzuwenden, die in Hard- und Software immer auf eine bestimmte Zielgruppe zugeschnitten sind. Zuverlässigkeit und angepasstes Design machen unsere „Customized Tablet PCs mit Mehrwert" voll tauglich für den geschäftskritischen Einsatz und grenzen sie von Allrounder-Produkten aus dem Consumer-Bereich ab.

Vorerst konzentrieren wir uns voll auf den BHK ScoreCue, das „digitale Notenpult": Ihn entwickeln wir, um Musikern ihr Schaffen ein Stück leichter zu machen. Ausgelegt als Touchscreen-Computer, etwas größer als ein DIN-A4-Blatt, soll er das Mitschleppen ganzer Notenbuch-Konvolute sowie – dank bequemer Hand- und Fußtaster – unbequemes, lautes Umblättern endlich überflüssig machen. Besonderes Augenmerk liegt bei der Entwicklung auf selbsterklärender Bedienung sowie langer Akkulaufzeit durch Verwendung besonders energiesparender Komponenten, wie sie mitunter erst seit wenigen Monaten verfügbar sind.

Das Konzept des digitalen Notenpults kommt nicht von ungefähr: Wir, das Management der BHK GmbH – heißt: Geschäftsführer und Finanzchef Tobias Burgholz, Marketing-Leiter und Unternehmensvisionär David Muschiol sowie Leiter für Forschung und Entwicklung Robert Meyer – sind langjährige Freunde und Jungunternehmer, die nicht nur die IT-Branche durchschauen und viel Erfahrung im Marketing mitbringen; als Hobby-Musiker wissen wir um die Problematik des Papierchaos auf dem Notenpult und wünschen uns seit langem, den technischen Fortschritt der letzten Jahre behutsam auf die traditionsreiche Kunst des Musizierens anwenden zu können.

Im Strategiemeeting mit dem Unternehmensberater Dr. Ralf Hillemacher stellten wir unsere Vision auf ein solides strategisches Fundament; wir formulierten klare Ziele und fanden präzise Begriffe für unser Tätigkeitsfeld: Seither peilen wir gezielt die Marktführung für digitale Notenpulte in Deutschland als wichtiges Etappenziel an und wollen schrittweise unsere Präsenz auf dem europäischen wie auf dem Weltmarkt ausbauen. Ist der BHK ScoreCue einmal etabliert, können wir die Planung weiterer sogenannter „Customized Tablet PCs mit Mehrwert" vertiefen. Finales Ziel ist ganz klar, BHK zum weltweiten Innovationsmotor und mindestens europaweiten Marktführer für Customized Tablet PCs mit Mehrwert zu entwickeln.

Aber zurück zum ScoreCue: Randmarkt Musik? – Von wegen! Unsere detaillierten Marktanalysen schlüsseln auf, welch großen und stabilen Markt wir hier erschließen. So erwarten wir ein Durchbrechen der Gewinnschwelle schon für den 11. Monat nach Unternehmensgründung. Besonders erfreut sind wir über die Ergebnisse unserer breit angelegten Marktforschung, die zeigen, dass Hobby-Musiker, Studenten, Dozenten, Händler und hochrangige Orchesterdirigenten allesamt in digitalen Notenpulten die Zukunft des Musizierens sehen – vorausgesetzt, es existieren praxistaugliche Produkte, und genau hier spielen wir von BHK unseren Expertenstatus voll aus.

Dank unserer Expertise verbinden wir neuste Technologie mit absolut intuitiver Bedienung und edlem Design zu einem praxiserprobten Produkt, das nicht teurer als 500 Euro und so auch für Hobby-Musiker erschwinglich ist. Besonders die werden – neben dem Umblättern ohne Absetzen und Blätterchaos – die günstigen Preise für digitale Noten zu schätzen wissen, die wir in unserem Noten-Onlineshop realisieren können. Zuvor unbezahlbare Notenbibliotheken werden dank des BHK ScoreCue bezahlbar.

Werbestrategien erarbeiten wir besonders zielgruppenorientiert und sehen uns als Partner von Musikinstitutionen; auch Endkunden gegenüber betonen wir stets, dass wir auf ihr Feedback angewiesen sind und wollen sie so in die Weiterentwicklung des ScoreCue mit einbeziehen. Große Hoffnung setzen wir auch auf hochwertige PR, die bei Erfolg wirksamer sein kann als jede Werbekampagne. Die Produkte – ScoreCue und Zubehör – vertreiben wir dann in einem mehrgleisigen Modell direkt über unsere

Website, über etablierte Musik-Versandhäuser und über lokale Musikge-schäfte.

Den Fall, dass das Produkt in der Zielgruppe nicht die erwartete Resonanz erfährt, können wir mittlerweile übrigens fast ausschließen – aber selbst dann haben wir alternative Konzepte für Customized Tablet PCs mit Mehrwert in petto, so etwa die digitale Speisekarte BHK Men(c)ue und den BHK CuePlan, das komfortable Planungswerkzeug für Architekten. Unsere Entwicklungsplattform macht Internationalisierung und Neu-konzeption unserer Software zu einer schnell bewältigbaren Aufgabe. Die öffentlichen Fördergelder, auf die wir für unser Startkapital zugreifen wollen, werden wir also mit Sicherheit schnell wieder zurückzahlen kön-nen.

Rechtsform

Beim Unternehmen BHK handelt es sich um eine Gesellschaft mit beschränkter Haftung: die BHK GmbH.

Die GmbH gilt in Deutschland als die klassische Rechtsform solider mittelständischer Unternehmen. Geschäftspartner wie etwa Zulieferer erkennen, dass es sich bei der BHK GmbH um ein seriöses Unternehmen mit ausreichender Liquidität handelt, ist doch zur Gründung ein Stammkapital von 25.000 Euro vonnöten. Hierfür nehmen wir gerne den Mehraufwand in der Buchführung in Kauf, der sich gegenüber kleineren Rechtsformen ergibt.

Die GmbH ist gekennzeichnet durch klare Strukturen (Gesellschafterversammlung, Geschäftsführung); hier grenzt sie sich von der Aktiengesellschaft (AG) ab, die in vielen Punkten komplexere – und damit für unsere Vorhaben unnötig aufwändigere – Formvorschriften als die GmbH hat.

Schon früh verständigten wir uns auf die Gründung einer Kapitalgesellschaft, da sie sämtliche Verbindlichkeiten aus ihrem Gesellschaftsvermögen zu begleichen hat; die Gesellschafter haften nur im Falle rechtswidrigen Handelns. Hier sehen wir einen klaren Vorteil gegenüber einer Personengesellschaft, bei der im Insolvenzfalle die Gesellschafter selbst mit ihrem Privatvermögen für Verbindlichkeiten aufzukommen haben – ein Risiko, das wir als Jungunternehmer nicht eingehen möchten.

Unsere Kostenkalkulation ergab, dass die finanziellen Dimensionen unseres unternehmerischen Handelns die Gründung einer GmbH ohne Umwege möglich und sinnvoll machen; die Gründung einer „Mini-GmbH" (UG haftungsbeschränkt), welche wir zunächst aufgrund des kleineren Mindeststammkapitals ins Auge fassten, erschien uns folglich nicht mehr sinnvoll.

Das Produkt

Kundennutzen, Stärken und Schwächen

Unser Produkt, der BHK ScoreCue, ist ein sogenanntes digitales Notenpult, das Musikern aus jedem Umfeld ihren Beruf und ihr Hobby ein großes Stück einfacher machen soll.

Als Musiker kennen wir das Ausgangsproblem zu gut: Weder Notenbücher, noch lose Notenblätter scheinen für Konzert und Probe wirklich geeignet. Notenbücher klappen auf dem Ständer im ungünstigsten Moment von selbst zu, Notenblätter werden schon vom leisesten Windstoß verweht. Besonders das Umblättern ist problematisch: Oft ist ein Absetzen der Hand vom Instrument unmöglich, sodass bisweilen Assistenten das Blättern übernehmen müssen. Dirigenten wie Konzertbesuchern sind die geballten Blättergeräusche des Orchesters ein Dorn im Auge – oder genauer: im Ohr.

Wir von BHK wollen uns mit der misslichen Situation nicht abfinden und die Musikwelt fortan von den technologischen Innovationen der letzten Jahre und Jahrzehnte profitieren lassen, indem wir das Notenpult vom Papierchaos befreien und die Noten auf einen eleganten Tablet-PC bringen: einen tastaturlosen, flachen Computer mit Finger- und Stiftbedienung in der Größe eines DIN-A4-Blattes. Das Umblättern geschieht dann – leise und komfortabel – wahlweise per Druck auf den Bildschirm oder per Betätigung eines Pedals oder eines Handtasters. Sogar die Vision des völlig automatisierten Umblätterns durch Takt- und Melodieerkennung soll spätestens in einer zweiten Version des ScoreCue Realität werden. Und Noten lassen sich in unserem Onlineshop weit günstiger als entsprechende Druckfassungen erstehen, was gerade für Hobbymusiker von großer Bedeutung ist.

Warum aber konnte sich bis heute offensichtlich kein digitales Notenpult in der musikalischen Praxis durchsetzen? Wir gingen der Frage mit den klassischen Mitteln der Marktforschung nach, wobei wir gezielt Berufs- und Hobbymusiker ansprachen. Bei der grundsätzlichen Notwendigkeit einer computerbasierten Lösung für die Notendarstellung ergab sich ein klar positives Bild. Deutlich zeichneten sich auch die Hauptvoraussetzungen ab, die ein digitales Notenpult erfüllen muss: absolut stabiler Betrieb, selbsterklärende Bedienung, schriftliche Notizen möglich, Preis im dreistelligen Eurobereich, lange Akkulaufzeit, nicht blendender Bildschirm.

Nach eingehender Analyse dieser Kundenwünsche wurde uns klar, warum BHK hier einen völlig neuen Markt erschließt: Bisherige Lösungen setzten in der Regel auf Standard-Computerbetriebssysteme wie Microsoft Windows, sodass computerunerfahrene Benutzer sich abgeschreckt fühlten; viele offen zugängliche Systemeinstellungen schlossen einen stabilen Betrieb aus. BHK dagegen setzt auf ein eigens angepasstes Linux-System, das Änderungen an Systemeinstellungen durch den Benutzer unterbindet. Unsere herausragende Erfahrung in der Erstellung intuitiv bedienbarer Programme macht Handbücher und Einlernphasen überflüssig; unsere Kundennähe ermöglicht regelmäßige Praxistests, die auch das letzte Manko im Bedienkonzept aufdecken. Den wenigen bisherigen Geräten sieht man auf den ersten Blick an, dass Informatiker und nicht Usability-Experten für das Bedienkonzept verantwortlich zeichneten.

Besonders aber profitieren wir von den bahnbrechenden technologischen Entwicklungen, die erst in den letzten Jahren Geräte wie zum Beispiel das Apple iPad möglich machten. Moderne Handys besitzen die Leistung eines durchschnittlichen Computers von vor zehn Jahren und kosten in der Herstellung kaum mehr als 100 Euro. Eine große Besonderheit des ScoreCue stellt die Nutzung der brandfrischen Bildschirmtechnologie „Pixel Qi" dar, die optional ohne eigene Beleuchtung auskommt und damit nicht nur ein angenehm blendungsfreies Bild, sondern auch die mehr als konzertreife Akkulaufzeit von bis zu 18 Stunden ermöglicht. Dabei sind Pixel-Qi-Bildschirme sogar besonders günstig: Entwickelt wurden sie ursprünglich für das 75-Dollar-Laptop-Projekt.

Für den BHK ScoreCue peilen wir einen Einführungspreis von 500 Euro an, der schrittweise bis auf 250 Euro gesenkt werden kann. Somit ist er auch für Hobbymusiker erschwinglich – ganz im Gegensatz zum bestehenden „MusicPad Pro" des Herstellers „Klemm Music", Reihe „Free-hand Systems", das in einer funktionell stark eingeschränkten Version schon etwa 1000 Euro kostet (das einzige hier erhältliche digitale Notenpult; größere Version leider „kein Vertrieb").

Die Besonderheit des BHK ScoreCue – und bald auch anderer sogenannter „Customized Tablet PCs mit Mehrwert" von BHK – besteht also darin, dass wir auf innovativste Technik zurückgreifen, um Komplettlösungen aus speziell angepasster Hardware und Software zu entwickeln, die im Gegensatz zu multifunktionalen Consumer-Geräten tatsächlich für den zuverlässigen und benutzerfreundlichen Praxiseinsatz im geschäftskritischen Umfeld geeignet sind; Alleinstellungsmerkmale von BHK sind neben dem sogenannten Expertenstatus vor allem Produktqualität, Preisgestaltung und Service.

Als Nachteil unserer Produkte gegenüber Consumer-Geräten kann man freilich anführen, dass man mit ihnen nicht auch seine Mails abrufen, die Waschmaschine steuern oder Videos abspielen kann. Unsere Marktforschung hat jedoch ergeben, dass besonders im professionellen Umfeld diese Einschränkung, die wir zugunsten der Stabilität und der intuitiven Bedienung als elementar betrachten, vielmehr als Vorteil wahrgenommen wird.

Auf besonders positive Resonanz stießen auch unsere Pläne, für individuelle Bedürfnisse besonderes Zubehör anzubieten. So planen wir für den BHK ScoreCue – neben Standardzubehör wie Stativ, Tastern und Speicher-Erweiterungen – unter anderem ein edles Ledercase, optional mit kundenspezifischer Prägung lieferbar, das die Akzeptanz im traditions-bewussten Konzertumfeld entscheidend steigert.

Branche und Markt

Das Unternehmen BHK zeichnet ein herausragender Expertenstatus aus: Wir selbst sind Musiker mit umfangreichem Fachwissen im IT-Bereich und verbinden diese Kompetenzen, um ein Produkt zu entwickeln, das Musikern die komfortable Nutzung modernster Technik erlaubt. Betrachtet man den Prozess der Fertigung, sind wir also in der IT-Branche tätig; für die Auslotung von Faktoren wie Marktpotential und Distributionspolitik ist dagegen eine genaue Analyse des Musikmarktes interessant.

Neben der IT-Branche, die aktuell einen riesigen Aufschwung erfährt und einen eindeutigen Wachstumsmarkt darstellt, bietet auch der Musik-Sektor ein großes, nicht zu unterschätzendes Potential, von dem wir mit Entwicklung und Vertrieb des ScoreCue profitieren möchten. So ist der Musik-Markt mit einer stetig wachsenden Tendenz sehr stabil und relativ unanfällig gegen äußere Einflüsse.

Unsere Zielgruppe lässt sich in professionelle/semi-professionelle und in Laienmusiker unterteilen.

Ausführliche Markt- und Zielgruppenanalysen haben gezeigt, dass in Deutschland 2 % aller Studenten Musik oder Kunst studieren, sodass sich schon hier 32.000 potentielle Kunden ergeben, die sowohl im Studium, als auch im späteren Leben als Berufsmusiker Gebrauch vom BHK Score-Cue machen könnten (Quelle: Statistisches Bundesamt Deutschland). Diese Zahlen zeigen, dass die Zielgruppe der Berufsmusiker ganz allgemein ein großes Potential für uns bedeutet.

Der zweite, weit größere Teil der Zielgruppe setzt sich aus den Hobby- oder sogenannten Laienmusikern zusammen. Statistische Erhebungen im Jahre 2005 haben gezeigt, dass von 21.121 Befragten, unabhängig von Geschlecht und Alter, etwa 13,5 % ein Instrument spielten. Mit 20,4 % verfügt ein großer Anteil über ein monatliches Haushaltsnettoeinkommen von 3500 Euro oder mehr; insgesamt kommen Menschen, die ein Instrument spielen, tendenziell eher aus einkommensstärkeren Schichten. (Quelle: Deutsches Musikinformationszentrum)

Mit dem ScoreCue spricht BHK dank des erschwinglichen Preises und der großen Einsatzmöglichkeit und Flexibilität alle Musiker, also eine sehr breite Masse an. Die Investitionsbereitschaft ist hier groß, wie auch der lukrative Markt für teure Musikinstrumente aufzeigt.

Die Gefahr, mittelfristig Marktanteile an einen potentiellen Wettbewerber zu verlieren, ist zwar – wie in jeder anderen Branche auch – theoretisch gegeben, wird von uns aber als eher vernachlässigbar eingestuft, da wir zum Zeitpunkt des Markteintritts des Wettbewerbers sowohl einen Zeitvorsprung von mindestens etwa einem Jahr, als auch einen Wissens- und besonders einen Erfahrungsvorsprung genießen. Insbesondere glauben wir an unseren Expertenstatus: Erfahrungen mit zielgruppenoptimierten Geräten zeigen, dass gerade kleinere Hersteller oft nicht erkennen, dass die richtige Mischung aus Usability, Design und Funktionalität den Erfolg eines Produkts ausmacht.

Unsere Preisgestaltung haben wir nichtsdestoweniger auch mit Blick auf mögliche Wettbewerber ausgearbeitet: Wir planen, mit einem gestaffelten Preis zu operieren und nach dem ersten Geschäftsjahr den ScoreCue bereits zu einem günstigeren Preis anzubieten. Der von uns angesetzte Startpreis von knapp 500 Euro liegt nur rund halb so hoch wie der des vergleichbaren, aber veralteten Produkts von Klemm Music. Nach einer weiteren Preissenkung im dritten Geschäftsjahr ist nachfolgend die Erschließung weiterer Zielgruppen mit anderen Problemstellungen geplant, für die wir ebenfalls ein exakt abgestimmtes Produkt aus unserer Reihe der „Customized Tablet PCs mit Mehrwert" entwickeln möchten. So sind wir Wettbewerbern, die sich unser Konzept zu eigen machen möchten, immer einen Schritt voraus.

Bereits vorhandene Lösungen stellen für uns keine Bedrohung dar: Existierende „Lösungen", wie das „Klemm Music Freehand Systems MusicPad Pro" oder das „Klemm Music Freehand Systems MusicPad Maestro", lassen sich an einer Hand abzählen; auf dem deutschen Markt wird nur das erstgenannte Produkt vertrieben, und auch hier erscheint ein Erwerb sehr schwer. Diese Produkte sprechen mit ihren Bedienoberflächen anscheinend lediglich die einkommensstarken Informatiker unter den Musikern an – sie sind also ohne Ausnahme unerschwinglich und nicht ohne

Grund bisher vom Kunden abgelehnt wurden. Durch die Verwendung längst überholter technischer Komponenten kann dem Benutzer keinerlei Praxistauglichkeit garantiert werden. Statt dem Kunden das Musizieren zu erleichtern, wird er mit der komplizierten, nicht optimierten Bedienung lediglich vor ein weiteres Problem gestellt. Unsere ausführliche Marktforschung, auf die wir bereits in Baustein 3 eingegangen sind, bildet die Bedürfnisse der Kunden im Einzelnen ab; sie werden größtenteils von existierenden Lösungen nicht erfüllt.

Theoretisch denkbar wäre es für den Musiker auch, sich mithilfe eines Tablet-PCs und geeigneter Software ein „digitales Notenpult" in Eigenregie zu erstellen. In der Breite der Masse wird dieser Fall jedoch nicht eintreten, da Musiker selten IT-Experten, noch Hobby-Informatiker sind und so von sich aus nicht auf die Idee kämen, sich die „bewährte" Handhabung mit Noten in Papierform mit irgendeiner „App" für etwa ein „iPad" erleichtern zu wollen, ganz zu schweigen von den fehlenden Optimierungen, die BHK auf Hard- und Softwareebene vorgenommen hat, wie etwa Blätter-Taster, großer Bildschirm und Akkulaufzeit.

Umso wichtiger ist es, dass die Handhabung des ScoreCue dem traditionsbewussten und womöglich vorerst skeptischen Musiker vom ersten Moment an Spaß macht und keinerlei Stolpersteine in den Weg legt. Der von uns im Rahmen der Marktforschung und der Produktvorstellung konsultierte Frank Flade, Dirigent und Chordirektor am Stadttheater Aachen, wusste dies zu bestätigen: „Sollte der ScoreCue wirklich von der ersten Benutzung an perfekt funktionieren und in der Handhabung nicht komplizierter sein als ein Blatt Papier mit Bleistift, sehe auch ich im BHK ScoreCue die Zukunft des Musizierens." Ebenso glaubt Wilhelm Rosen, Inhaber des in Aachen bekannten Musikhaus Hogrebe, daran, dass in digitalen Notenpulten „die Zukunft liegt". Der Durchbruch, so prognostizierten Mitarbeiter im Musikhaus, werde dann eintreten, wenn ein erstes, wirklich benutzerfreundliches Gerät auf dem Markt verfügbar sei. Neue Entwicklungen verfolge man interessiert: Sollte etwa der BHK ScoreCue überzeugen, werde man ihn ins Sortiment aufnehmen, stellte Inhaber Rosen in Aussicht.

Touchscreen-Allrounder wie die Produkte „iPhone" und neuerdings auch „iPad" von Apple haben sich bereits auf dem Markt etabliert; die Verkaufszahlen dieser Alleskönner steigen stetig an (iPad: in den USA 1 Mio. verkaufte Geräte einen Monat nach Verkaufsstart). Angemessene Praxistauglichkeit in einzelnen Bereichen weicht jedoch einer schier un-überschaubaren und uneingeschränkten funktionalen Bandbreite. Benutzer, die spezialisierte Geräte besonderer Zuverlässigkeit durch herausragende Fertigungsqualität und abgestimmte Software erwarten, werden mit der angesprochenen Art „eierlegender Wollmilchsäue" nicht befriedigt. Hier sehen wir von BHK einen zweiten, bisher nicht erschlossenen Marktzweig mit viel Potential; mit dem ScoreCue möchten wir einen Trend setzen zu auf die Lösung genau eines Problems abgestimmten individuellen Produkten: den Customized Tablet PCs mit Mehrwert.

Gegenüber Zulieferern und Fertigern unserer Customized Tablet PCs mit Mehrwert sehen wir uns in einer günstigen Verhandlungsposition, was wir der Schnelllebigkeit der IT-Branche verdanken: Innovationen etablieren sich derzeit so schnell, dass Monopole gar nicht entstehen können. So wäre zum Beispiel neben der geplanten Kooperation mit Foxconn, Fertiger zum Beispiel für Apple und Dell, auch eine Zusammenarbeit mit der Asus-Tochter Pegatron oder dem BenQ-Mutterkonzern und Auftragsfertiger Qisda denkbar – eine Verhandlungsposition, die uns bei der Kostenminimierung unseres Produkts in die Hände spielt.

Marketing und Vertrieb

Kommunikations- und Distributionspolitik

Mit unserer Kommunikationspolitik möchten wir auf unterschiedlichen Wegen den Kunden erreichen und über unser Produkt, den BHK Score-Cue, informieren. Im Rahmen der klassischen Werbung setzen wir auf Printmedien (Werbeanzeigen und Flyer), eine Internetpräsenz und besonders auf PR (Public Relations).

Der Ausgestaltung unserer Werbeanzeigen liegt stets die AIDA-Formel zugrunde, die wir für unsere Zwecke leicht modifiziert haben. So reicht es uns nicht, den potentiellen Kunden aufmerksam zu machen und sein Interesse zu wecken – wir wollen ihn darüber hinaus auch fordern, sich aktiv mit BHK und unserem Produkt auseinanderzusetzen.

Dieses Ziel verfolgend sollen unsere Werbeanzeigen, soweit dies ein unbewegtes Medium überhaupt zulässt, kleine Geschichten erzählen. Durch das attraktive Angebot einer Gutschrift über 5 Euro für unseren Noten-Onlineshop fordern wir den Betrachter und Leser der entsprechenden Musikzeitschrift (z.B. „Keys") auf, mit uns Kontakt aufzunehmen („Response"-Prinzip). Ein Besuch unserer Internetseite für nähere Informationen sowie der hieraus im Optimalfall resultierende Dialog zwischen dem Interessenten und uns von BHK werden im (Unter-)Bewusstsein des potentiellen Käufers unser Produkt sowie unser Unternehmen festigen und verankern.

Bei der Ausgestaltung der Werbeanzeigen möchten wir eine konservative Farbgebung harmonisch verbinden mit sehr lebendigen, nicht jedoch zu ausgefallenen Fotos tendenziell jüngerer Musiker in leuchtenden, plastischen Farben. Auf diese Weise wollen wir erreichen, dass jüngere Leser sich mit den dargestellten Personen identifizieren können, während älteren potentiellen Kunden das Gefühl vermittelt wird, die Benutzung des

ScoreCue würde sie selbst „jünger machen", anstatt dass sie sich aufgrund zu „hippen" Bildmaterials ausgeschlossen fühlen.

Der Slogan „Musik befreit." schließlich kann auf zweierlei Weise interpretiert werden: Dank des BHK ScoreCue ist die Musik nun endlich vom lästigen Umblättern befreit; ganz allgemein gilt Musik als befreiender Kontrapunkt zum hektischen Alltag, was auch Element unserer Bildsprache ist. Eine Beschäftigung des Lesers mit dieser Interpretation soll die Werbeanzeige stärker im sogenannten episodischen Gedächtnis verankern.

Im Fokus unserer Online-Aktivitäten liegt es dann, dem (potentiellen) Kunden zu signalisieren, dass seine Mitarbeit am Produkt in Form von Lob und Tadel gern willkommen ist. Er erhält auf diese Weise das Gefühl, Teil eines auf ihn in bestmöglicher Weise zugeschnittenen Produkts zu werden und ein gewisses Mitspracherecht zu erhalten; er tritt in Kontakt mit BHK und baut damit eine persönliche Bindung auf.

Insgesamt möchten wir uns bei der Schaltung von Anzeigen aber quantitativ einschränken. Unsere Analysen haben uns in unseren Bedenken bestätigt: Zwischen den für eine sehr breit angelegte Werbekampagne benötigten Ausgaben und unserem anfänglichen beschränkten Startup-Kapital besteht eine von uns nicht tragbare Diskrepanz.

Flyer können vergleichsweise kostengünstig gedruckt werden und bei zielgerechter Auslage (Musikhochschulen, Konzerte) viele Menschen erreichen. So soll die ansprechende Ausgestaltung bei potentiellen Kunden Interesse („I" der AIDA-Formel) oder gar das Verlangen („D" der AIDA-Formel für engl. „desire") nach dem Erwerb unseres ScoreCue wecken.

Auf Fernsehwerbung verzichten wir bewusst völlig, da wir als Startup-Unternehmen nicht die nötige Liquidität mitbringen und sich die horrenden Kosten für jede Sekunde im Werbefenster sehr wahrscheinlich nicht auszahlen würden; unsere Zielgruppe ist über andere Kommunikationskanäle viel gezielter zu erreichen – so gibt es keine Sendung, in der wir Grund zur Annahme haben, besonders viele aktive Musiker und somit potentielle Kunden vor dem Bildschirm zu erreichen.

Als selbstverständlich wird heute auch die Einrichtung einer Internetpräsenz angesehen, um für Kunden jederzeit ausführliche Produktinformationen bereitzuhalten und über das Unternehmen informieren zu können.

So haben wir – so uns dies mit dem obligatorischen, funktionell stark eingeschränkten „Homepage-Builder" überhaupt möglich war – eine ansprechende Webpräsenz entwickelt. Bei deren Ausgestaltung machten wir, die oben genannten Ziele verfolgend, bewusst erneut Gebrauch des bereits in die Werbeanzeige verarbeiteten Bildes eines jungen Musikers. Weiterhin soll diese Analogie beim Besucher, sollte er durch die Anzeige auf unsere Internetpräsenz aufmerksam geworden sein, durch das schon bekannte Bild das Gefühl erwecken, sich in vertrauter Umgebung (Corporate Identity) zu bewegen; er kann sich ganz darauf konzentrieren, Informationen über den ScoreCue und über unser Unternehmen einzuholen.

Neben den genannten Maßnahmen setzen wir außerdem große Hoffnungen in PR (Public Relations), was gerade für uns als Startup ein sehr günstiges und zugleich sehr effektives Mittel der Werbung im weiteren Sinne ist. Konkret planen wir Pressemitteilungen, die interessierte Journalisten dazu animieren sollen, unsere aussagekräftigen Pressemappen und -flyer zu beziehen. An die Testlabore von Zeitschriften mit Primacy in der Musik- oder IT-Branche können wir Probeexemplare des ScoreCue versenden – wir sind überzeugt, dass ein euphorischer Testbericht über unser ausgefeiltes Produkt in einer Zeitung mit entsprechender Auflage eine weit höhere Wirkungsbreite hat als jede Anzeige.

Vom sogenannten, in manchen Bereichen durchaus effektiven Guerilla-Marketing nehmen wir Abstand, da wir diese Art, Aufmerksamkeit zu erwecken, für unsere Zwecke als zu unseriös erachten. Fängt aber ein Orchester an, auf digitale Notenpulte aus dem Hause BHK umzustellen und berichtet überdies noch von positiven Erfahrungen, könnte dies eine regelrechte Welle anstoßen.

Das Verkaufskonzept für den ScoreCue sieht einen mehrgleisigen, diversifizierten Vertrieb auf verschiedenen Verkaufskanälen vor, um so viele potentielle Kunden wie möglich zu erreichen.

Ein Studium des Verkaufsverhaltens von Privatkunden legte offen, dass ein zahlenmäßig nicht zu unterschätzender, tendenziell eher jüngerer Kundenkreis das Beziehen von Musikinstrumenten und -zubehör per Online-Bestellung bei großen Musikhäusern wie Thomann, Music Score und Musik Produktiv einem Gang zum lokalen Einzelhandelsgeschäft vorzieht. Mit diesen renommierten Größen Partnerschaften einzugehen sollte sowohl uns als auch ihnen zugutekommen. Key Account Manager, die für die Betreuung weniger Großabnehmer verantwortlich sind, schließen profitable Verträge ab und können Fragen von Endkunden schnell beantworten.

Um auch jenen den ScoreCue nicht vorzuenthalten, die die persönliche Kundenbetreuung im örtlichen Musikgeschäft schätzen, soll unser Produkt weiterhin in ausgewählten örtlichen Musikgeschäften angeboten werden, in denen, nicht zuletzt auch aus pragmatischen Gründen, Wert auf eine überschaubare Bandbreite an Produkten gelegt wird. Eine Liste mit nach Postleitzahl geordneten Vertriebspartnern wird zeitnah in unsere Internetpräsenz eingebettet. Besonders erfreut waren wir, im Aachener Musikhaus Hogrebe – wie in Baustein 4 ausführlich geschildert – vom großen Interesse an digitalen Notenpulten zu erfahren.

Per Direktvertrieb möchten wir den Kunden entgegenkommen, die unsere Internetpräsenz besuchen. Zum bequemen Erwerb vom Schreibtisch aus stehen ihnen hier ein Online-Bestellformular sowie Telefonnummern und Adressen unserer von den entsprechenden Außendienstzentralen aus operierenden Vertrieblern zur Verfügung. Auch besteht hier die Möglichkeit, kostenloses Infomaterial anzufordern.

Unser Partnerkonzept sieht vor, externen Vertrieblern attraktive Provisionen für jeden abgesetzten ScoreCue anzubieten – so können wir die Verbindungen von in der Branche erfahrenen Kaufleuten nutzen, ohne eigenständig sämtliche Orchester und Ensembles Deutschlands und der Welt besuchen zu müssen.

Mit dieser Distributionspolitik und dem Vertrieb über die genannten Verkaufskanäle erhoffen wir uns, möglichst viele potentielle Kunden ansprechen und zu einem Erwerb des BHK ScoreCue bewegen zu können.

Werbeanzeige

Im Rahmen von Aufgabe 9 konnte die Werbeanzeige gegenüber Aufgabe 4 noch modifiziert werden. Von dieser Möglichkeit haben wir keinen Gebrauch gemacht. Sie finden die Anzeige also in Teil I des Buches bei Aufgabe 4 oder alternativ im Web unter

→ *http://david-muschiol.de/2010/bhk-scorecue/*

Pressemitteilung

Musik im einundzwanzigsten Jahrhundert: das digitale Notenpult – eine Innovation von BHK.

Das Aachener Startup-Unternehmen **BHK** – ein Team aus technologiebegeisterten Ingenieuren und aktiven Musikern – wollte sich nicht damit abfinden, dass technologischer Fortschritt an der Musikwelt bisher vorbeigegangen ist.

So entstand das digitale Notenpult **BHK ScoreCue**: ein revolutionäres und doch so naheliegendes Touchscreen-Gerät, das Musiker endlich vom lästigen und lauten Umblättern befreit. Pedale erübrigen ein Absetzen vom Instrument. Unpraktische Notenberge weichen einem 800 Gramm leichten, optisch ansprechenden, robusten Tablet PC. „Musik befreit" lautet das Motto des **BHK ScoreCue**.

„Von Computern bin ich lange Einarbeitungszeiten und regelmäßige Abstürze gewohnt. Der **BHK ScoreCue** ist erstaunlich selbsterklärend und macht einfach Spaß", schwärmt Dieter Gillessen, Dozent an der Hochschule für Musik Köln.

Für David Muschiol, als Chief Innovation Officer bei **BHK** auch für Usability zuständig, nicht verwunderlich: „Wir wissen, dass die Benutzerfreundlichkeit der Software darüber entscheidet, ob ein Produkt in der Praxis nützlich ist. Entsprechend viele Ressourcen haben wir in die Usability-Forschung gesteckt." Robert Meyer, Chief Technical Officer bei **BHK**, erklärt: „Zu oft gibt es technologische Innovationen, die letztlich im Praxiseinsatz scheitern. Der anwenderorientierte Entwicklungsprozess bei **BHK** wirkt dem entgegen."

Einen wirtschaftlichen Nutzen für Kunden und Investoren erwartet Tobias Burgholz, Chief Executive Officer der **BHK**. Für seltenere Orchesterpartituren steigen Kosten im Fachhandel schnell in den dreistelligen Eurobereich. Schuld ist das umständliche Vertriebsmodell.

„Im Noten-Onlineshop können wir die Kostenschraube bis zum Anschlag festzurren. So können sich erstmals die meisten Hobbymusiker größere Notensammlungen leisten." Die Investition **ScoreCue** – Kostenpunkt zunächst etwa 500 Euro – zahlt sich für den Anwender schnell aus, wenn die ersten Noten gekauft sind. „Wir erschließen hier einen Markt mit ungeahntem Volumen", erläutert Burgholz. Ein Konzept, von dem sich auch Investor Kirsch von der Sparkasse Aachen schnell überzeugen ließ.

Zu oft versuchen Hersteller moderner Touchscreen-Geräte, die sprichwörtliche „eierlegende Wollmilchsau" zu entwickeln. Dr. Ralf Hillemacher, renommierter Unternehmensberater, skizziert: „**BHK** spezialisiert sich auf *Customized Tablet PCs mit Mehrwert*: Geräte, die auf eine ganz bestimmte Zielgruppe ausgerichtet sind und – im Gegensatz zu iPad und vergleichbaren Geräten – Praxistauglichkeit auch im geschäftskritischen Einsatz bieten." Nicht nur Musikern will **BHK** in den nächsten Jahren das Leben leichter machen.

In wenigen Jahren – so die Vision von **BHK** – werden bei professionellen Konzerten klassische Papiernoten zur Ausnahmeerscheinung und der **ScoreCue** zum Musik-Standard. Aber auch in anderen Branchen werden *Customized Tablet PCs mit Mehrwert* von **BHK** bald nicht mehr wegzudenken sein, sind die Aachener überzeugt.

Unternehmenskultur und -leitung

Unsere Teamregeln

1.

Die schriftliche Arbeit an den Aufgaben sowie teaminterne Planung finden in der webbasierten Enterprise-Software EtherPad Pro statt, die gleichzeitiges Arbeiten am selben Dokument erlaubt. Alle Teammitglieder können sich so über die Arbeitsfortschritte in allen Arbeitsgruppen informieren. Regulär wird hier mindestens tägliches Einloggen erwartet.

2.

Um die größtmögliche Produktivität zu erzielen, besprechen wir beim Durchgehen der Aufgabenstellung, wer welchen Aufgabenteil bearbeitet. So kann jeder sich um den Aspekt kümmern, für den er besondere Kompetenzen mitbringt und der ihm am meisten Spaß macht, denn: Freude an der Arbeit lässt das Werk vortrefflich gelingen.

3.

Da ein Ergebnis nur dann von allen Mitgliedern mit voller Überzeugung vertreten werden kann, wenn es sich um einen für alle annehmbaren Konsens handelt, ist es wichtig, in einzelnen Teilaspekten die Meinungen derer immer mit einzubeziehen, die sich auf andere Punkte konzentriert haben und sich hier weniger einbringen konnten. Auch von ihnen wird also ein Lesen und gegebenenfalls Kommentieren der Ausarbeitungen erwartet.

4.

Aus Regel 3 folgt auch, dass niemand gegen den Willen der anderen Teammitglieder eine zu dominante Rolle einnehmen darf – Unzulänglichkeiten bei der Aufgaben- und Gesprächszeitverteilung werden gelegentlich in dedizierten Runden offen angesprochen. Eine persönliche Teamsitzung je Aufgabe gilt als Untergrenze. Ergänzend sind internetbasierte Telefonkonferenzen möglich, die das gleichzeitige Arbeiten über EtherPad Pro begleiten können.

5.

Das Team kann nur im gesitteten Dialog produktiv sein, sodass grundsätzlich gilt, dass jeder ausreden darf. Sinnvolle Zwischenmeldungen können andere Mitglieder im Zweifelsfall mit Handzeichen anmelden. Der Geschäftsführer nimmt, wenn erforderlich, die Rolle des „Moderators" ein und ist für ein für alle Beteiligten angenehmes Gesprächsklima verantwortlich.

Unsere Unternehmenskultur und ihre Umsetzung im Unternehmensalltag

Die Entwicklung unserer Unternehmenskultur war und ist ein laufender Prozess, dem als Fundament unsere langjährige Freundschaft und die in unzähligen gemeinsam bestrittenen Schulprojekten gesammelten Arbeitserfahrungen ebenso zugrundeliegen wie das sehr positive Bild, das wir bei der Kickoff-Veranstaltung von unserer Spielzentrale gewonnen haben.

Der Umgang mit den besonderen Stärken und Schwächen der einzelnen Teammitglieder ist für uns folglich längst Routine, das adäquate Äußern konstruktiver Kritik eine Selbstverständlichkeit. Ein spezieller Humor schafft ein herausragendes Arbeitsklima, sodass auch in von zeitlichen Engpässen geprägten Phasen die Arbeit im Unternehmen Freude bereitet und Schwierigkeiten als Herausforderungen wahrgenommen werden.

Hochmotiviert sind wir auch, weil wir – als von der Papiernoten-Problematik selbst betroffene Hobbymusiker und IT-Spezialisten – tatsächlich voller Überzeugung hinter unserer Produktidee stehen und sie für uneingeschränkt verwirklichbar halten. Da wir trotz aller Mühen de facto keinen Musiker finden konnten, der nicht mit uns die Ansicht teilt, dass digitale Notenpulte die Zukunft des Musizierens darstellen, prägte unser Handeln schnell auch ein gesundes Selbstbewusstsein – trotzdem war stets ein Teammitglied, der sogenannte advocatus diaboli, dafür verantwortlich, die Konzepte kritisch zu hinterfragen, um auch problematische Aspekte aufdecken zu können.

Was die Verknüpfung der traditionsreichen Kunst des Musizierens mit der schnelllebigen IT-Branche betrifft, haben wir einen sogenannten Expertenstatus inne; wir agieren hier mit großem Verantwortungsbewusstsein und einer Sensibilität für die zurecht hohen Ansprüche unserer Kunden. Überrascht waren wir von der Offenheit vieler Entscheider, so zum Beispiel vom spontanen Interesse des angesehenen Aachener Generalmusikdirektors Marcus R. Bosch. Wir stellten fest, dass partnerschaftlicher Umgang und die Betonung unseres eigenen musikalischen Hintergrunds im freien Gespräch größeren Eindruck hinterließen als allzu betriebswirtschaftlich anmutende PowerPoint-Präsentationen.

War anfangs noch die gemeinsame Bearbeitung der Aufgaben in persönlichen Treffen möglich, ergaben sich gerade in der Mittelphase des Wettbewerbs – nicht zuletzt wegen unserer Abiturvorbereitung – oft Situationen, die (räumlich) getrenntes Arbeiten an den schriftlichen Ausarbeitungen unausweichlich machten. Die Koordination und Durchführung gestaltete sich nur deshalb so flüssig, weil wir auf die in den Teamregeln angesprochene Softwarelösung EtherPad Pro zurückgreifen konnten.

Auf diese Weise entwickelten wir schnell ein Gespür für den quantitativ ausgewogenen Einsatz neuer Technologien: Wir achteten darauf, eine Balance zu finden zwischen der Arbeit in Teamsitzungen und der Arbeit über das Internet. Wichtig war uns, den gegenseitigen Wissensaustausch beizubehalten; auf dem Expertenwissen einzelner Teammitglieder konnten wir oft aufbauen und bei unseren Recherchen dann bereits auf einem höheren fachlichen Level einsteigen. Sehr schnell und fast nebenbei kristallisierte sich der für unser Team optimale Workflow heraus:

Besonders für die Absteckung der Aufgabenbereiche einzelner Teammitglieder sind persönliche Meetings vorteilhaft; die Vorbesprechung besonders komplexer Aufgaben erfolgte gelegentlich auch bei unserem betreuenden Unternehmer, dem Unternehmensberater Dr. Ralf Hillemacher, sodass wir einen sehr plastischen Eindruck von der Zusammenarbeit mit Beratern gewinnen konnten. Die für das ganze Team einsehbare schriftliche Fixierung der Zuständigkeiten in EtherPad Pro sorgte für Klarheit, ebenso wie die dortige Planung und Festhaltung aller Terminabsprachen (Teamsitzungen, Präsentationen vor Unternehmen etc.). Vor Aufgabenabgabe schließlich übersandten wir meist Herrn Dr. Hillemacher die Aufgaben zur Durchsicht, um sachliche wie formale Fehler zu vermeiden.

Wir lernten schnell die Vorteile straffer Organisation schätzen und erkannten, dass auch aufwändige Arbeit bei klarer Planung eine sehr angenehme Erfahrung sein kann. Freundschaftliche, humorvolle Kooperation und die Anwendung strikter Deadlines und Planungsraster schließen einander keineswegs aus, wie zunächst kurz befürchtet; vielmehr schöpfen wir aus diesen beiden Säulen unserer Teamkultur erfreuliche Synergien, die ihrerseits motivierend wirken. Für einzelne Aufgabenteile die Verantwortung abzugeben oder anzunehmen, fordert und fördert ein hohes Maß gegenseitigen Vertrauens.

Weil wir herausfanden, dass selbstbestimmtes Arbeiten die größte Freude bereitet und damit die besten Ergebnisse hervorbringt, waren uns flache Hierarchien wichtig, in unserem Falle gar die Gleichberechtigung aller Teammitglieder. Aber da sich auch die Planung freilich keineswegs von selbst erledigt, legten wir die planerische Federführung in die Hände unseres Geschäftsführers Tobias Burgholz. Auch diese Meta-Aufgaben kann und soll er delegieren; das Prinzip der Federführung aber verhindert, dass es zu Situationen kommen könnte, in denen sich niemand für eine Aufgabe verantwortlich fühlt und in denen es kurz vor Ablauf einer Wettbewerbs-Deadline zum sprichwörtlichen „bösen Erwachen" kommt.

Positionen

— *Tobias Burgholz:*
Geschäftsführer, Finanzchef

— *David Muschiol:*
Marketingleiter, Unternehmensvisionär

— *Robert Meyer:*
Leiter Forschung und Entwicklung

Begründung

Tobias Burgholz, aktiver Musiker und künftiger Maschinenbaustudent, bringt unter anderem große technische Begabung sowie Geschick im Umgang mit Zahlen in das Team ein. Für BHK stellt er die Brücke zwischen IT- und Musikbranche dar: Weil er die Ausgangsproblematik im Umgang mit Noten in Papierform so gut kennt, weiß er genau, was der ScoreCue mitbringen muss, um das Musizieren komfortabler (und nicht noch komplizierter) zu machen. Seine Führungsqualitäten – hervorhebenswert ist sein stets freundschaftliches und besonnenes, aber bestimmtes Auftreten – qualifizieren ihn als Geschäftsführer.

David Muschiol, auch technisch stets am Puls der Zeit und als Gelegenheitsmusiker ebenso mit der Papiernoten-Problematik konfrontiert, plant für die Zeit nach dem Abitur ein Studium im gesellschaftswissenschaftlich-kreativen Bereich. In das Team bringt er – neben vielen innovativen Produktideen – ausgesprochene Erfahrung in der Ausarbeitung von Corporate Designs mit ein; zielgruppengerechte Marketingkonzepte reizen ihn dabei besonders. Er nutzt vorhandene Kontakte in den relevanten Branchen und knüpft neue, um mit Händlern und potentiellen Kunden in den Dialog zu kommen. So repräsentiert auch er BHK nach außen hin.

Robert Meyer gilt als bodenständiger Naturwissenschaftler, dessen besondere Fähigkeit es ist, innovative Konzepte unter technologischen Gesichtspunkten hinsichtlich der Realisierbarkeit zu prüfen und schließlich Wirklichkeit werden zu lassen. Seine Fähigkeiten in der Recherche helfen dabei ebenso wie seine umfangreiche Expertise im IT-Bereich. Dank ersterer kann BHK zum Beispiel auf die innovative Bildschirmtechnologie Pixel Qi zurückgreifen, die erst den günstigen Preis und die lange Akkulaufzeit des BHK ScoreCue ermöglicht und uns so die Präsentation eines glaubwürdigen, da realisierbaren Produktkonzepts erlaubt.

Finanzplanung

Kostenkalkulation

Zur Durchführung der Finanzplanung wurde uns eine Excel-Tabellenvorlage zur Verfügung gestellt. Unsere Kostenkalkulation können Sie mit einem Klick auf „Finanzplanung" abrufen unter

→ *http://david-muschiol.de/2010/bhk-scorecue/*

Zeitpunkt unserer Gewinnschwelle (Break-even-Analyse)

Nach 11 Monaten haben wir die Gewinnschwelle erreicht.

Mögliche Finanzierungsquellen

- High-Tech Gründerfonds
- Sparkassen-Gründungsdarlehen (unter Einbeziehung öffentlicher Fördermittel)
- Stille Beteiligung
- Venture Capital/Wagniskapital

Beschreibung einer möglichen Förderquelle und Begründung für die Auswahl

Die 2005 gegründete High-Tech Gründerfonds GmbH stellt technologie-orientierten Startup-Unternehmen Startkapital zur Verfügung und organisiert begleitend eine intensive Betreuung durch Coachingmaßnahmen. Als gemeinsame Initiative der Bundesregierung, der Industrieunternehmen BASF, Deutsche Telekom und Siemens sowie der KfW Mittelstandsbank im Rahmen der Initiative „Partner für Innovation" fördert der High-Tech Gründerfonds junge, wachstumsorientierte, sich mehrheitlich im Besitz des Managements befindende Technologieunternehmen (nicht älter als ein Jahr) mit Sitz oder Betriebsstätte in Deutschland.

Kriterium für die Förderung ist ein hoher Innovationsgrad, deutliche Wettbewerbsvorteile und nachhaltige Marktchancen des Produktes; ferner soll die Technologie anspruchsvoll und anwendungsnah sein: allesamt Kriterien, die der BHK ScoreCue durchaus erfüllen würde, was wir in den vorangegangenen Bausteinen unseres Geschäftskonzepts en detail erläutert haben. Technologisches Know-how muss im Unternehmen gebunden sein, Schutzrechte und geistiges Eigentum sollen dem Unternehmen uneingeschränkt und exklusiv zur Verfügung stehen beziehungsweise ins Unternehmen eingebracht werden.

Erforderlich für eine finanzielle Beteiligung vonseiten des High-Tech Gründerfonds wären in unserem Falle Eigenmittel in Höhe von 20 Prozent, wobei die Hälfte davon über Seedinvestoren dargestellt werden kann. Die Finanzierung soll über einen Zeitraum von 18 Monaten gesichert sein.

Der High-Tech Gründerfonds bietet mit bis zu 500.000 Euro eine Kombination aus offener Beteiligung und Darlehen. Der Fonds erwirbt 15 Prozent Gesellschaftsanteile (nominal, ohne Unternehmensbewertung) und gewährt ein nachrangiges Gesellschafterdarlehen. Die Zinsen (10 % p.a.) für das ausgereichte Darlehen werden für die Dauer von bis zu vier Jahren gestundet. Die Laufzeit des Darlehensvertrages beträgt sieben Jahre.

Dass eine Firmengründung ohne finanzielle Unterstützung unmöglich ist, scheint bei einem so großen Projekt auf der Hand zu liegen. Zwar verfügen wir glücklicherweise über ein gewisses Eigenkapital und können auf stille Beteiligungen zurückgreifen; neben dem gesetzlich vorgeschriebenen Stammkapital von 25.000 Euro zur Gründung einer GmbH muss BHK aber nicht nur in der Lage sein, die Fertigung des ScoreCue für mindestens das erste halbe Geschäftsjahr finanziell abzudecken (eine weitere, zweite Fertigung wäre anschließend möglich); auch die kostenintensive Werbekampagne muss gestartet, Flyer gedruckt und Anzeigen geschaltet werden.

Ein weiterer Posten, der schwer ins Gewicht fällt, sind die Personalkosten für unsere Vertriebler, Programmierer und Lagerarbeiter. Zwar bemühen wir uns, zunächst viele freie Mitarbeiter anzustellen, was die auszuzahlenden Löhne etwas reduziert; dennoch muss von Anfang an eine bestimmte Zahl fest angestellter Mitarbeiter finanziell getragen und eingeplant werden.

All diese Faktoren machen die Inanspruchnahme eines Existenzgründer-Darlehens unausweichlich. Glücklicherweise gibt es eine ganze Reihe von Förderprogrammen, die Startup-Unternehmen jeder Art finanziell unter die Arme greifen. Für unsere Zwecke am geeignetsten scheint uns der bereits beleuchtete High-Tech Gründerfonds, da dieser besonders technologieorientierte Startup-Unternehmen fördert, die anspruchsvolle und anwendungsnahe Produkte auf den Markt bringen. Darüber hinaus lässt die Unterstützung durch erfahrene Coaches das Angebot der High-Tech Gründerfonds GmbH attraktiv wirken.

Sollte der Vertrieb des BHK ScoreCue einmal erfolgreich angelaufen und die Gewinnschwelle (Break-even-Point) nach etwa elf Monaten überwunden sein, kann das Darlehen inklusive der angefallenen Zinsen in Ruhe beglichen werden. Voraussichtlich sind zu diesem Zeitpunkt endlich genügend Exemplare des ScoreCue verkauft worden, dass alle bisher angefallenen Kosten, die zu einem großen Teil aus dem Fonds und weiteren öffentlichen Fördermitteln bezahlt wurden, beglichen und auch zukünftig die laufenden Kosten aus dem Erlös gedeckt werden können.

Aus dem Nähkästchen

Ratschläge zur Gründungsplanung

Sollten Sie zu den Lesern gehören, die sich exklusiv für unser Konzept des digitalen Notenpultes interessieren, fühlen Sie sich getrost frei, die Lektüre dieses Kapitels auszulassen und etwa mit dem nachfolgenden Kapitel fortzufahren.

Planen Sie eine Unternehmensgründung? Machen Sie selbst bei einem Wirtschaftsplanspiel mit? Die Orientierung an den nachfolgenden Ratschlägen hat uns zum Erfolg beim Planspiel verholfen. Auch Ihnen könnten die Tipps von herausragendem Nutzen sein.

Grundlegendes

> *„Freude an der Arbeit lässt das Werk trefflich geraten!"*
>
> *—Aristoteles*

Wichtig ist, dass Sie sich mit Ihrem Produkt identifizieren können: Nur so ist gewährleistet, dass Sie Ihren Unternehmergeist nicht auf halber Strecke verlieren. Wir zum Beispiel verfügen über ein solides technologisches Hintergrundwissen und legten großen Wert darauf, dass unser Produkt tatsächlich realisierbar ist. Schon im Vorfeld des Planspieles also erstellten wir ein detailliertes Hardware-Konzept, obgleich dieses für den Wettbewerb keine weitere Bedeutung hatte und in der sprichwörtlichen Schublade verblieb.

Das Konzeptpapier aus dem Archiv finden Sie neben anderem Zusatzmaterial im Web unter

→ *http://david-muschiol.de/2010/bhk-scorecue/*

Auch die Teamchemie entscheidet ganz wesentlich über Ihren Erfolg! Gerade bei Wettbewerben gilt also, dass nicht das größte Team gewinnt, sondern das am besten eingespielte.

Ganz zentral ist, dass Sie selbst von Ihrem Produkt überzeugt sind. Entscheidend aber ist, dass Sie auch den potentiellen Kunden überzeugen können! Versetzen Sie sich daher in jeder Etappe von Produktentwicklung und Marketing stets in Ihren Kunden hinein. Fragen Sie immer wieder Außenstehende nach ihrer Meinung und nehmen Sie diese ernst!

Firmenname

Bei der Namensfindung ist weniger oft mehr – schließlich soll Ihr Unternehmen im Gedächtnis des potentiellen Kunden verankert werden. Entscheiden Sie mit Blick auf Ihr Produkt, Ihre Zielgruppe und die zu erschließenden Märkte, ob Sie einen deutsch- oder etwa einen englischsprachigen Namen für Ihr Unternehmen wählen. Wirkt letzteres zwar internationaler und weltoffener, kann etwa bei technischen oder industriellen Produkten ein deutscher Name *(Engineering, Made in Germany)* genauso für Qualität stehen.

Wägen Sie ab: Ist es sinnvoll, Ihr Produkt mit in den Firmennamen einfließen zu lassen, oder nehmen Sie sich so die Möglichkeit zur Erschließung anderer Märkte oder zur Entwicklung neuer Produkte?

Pressemitteilung

Die Pressemitteilung ist (bei einer tatsächlichen Unternehmensgründung) Ihre Chance, Journalisten auf sich aufmerksam zu machen. Im Gegensatz zur Werbeanzeige ist gute Presse für Sie kostenlos – und wahrscheinlich weit effektiver.

Bauen Sie griffige Zitate mit entscheidenden Aussagen – beispielsweise über Alleinstellungsmerkmale Ihres Produkts – ein, die Journalisten so in ihren Artikel übernehmen können.

Werbeanzeige

Versuchen Sie, den schweifenden Blick des Lesers etwa beim bloßen Durchblättern einer Zeitung oder eines Magazins auf Ihre Anzeige zu richten und dafür zu sorgen, dass er sie im Gedächtnis behält; im besten Falle wollen Sie ihn zum Besuch Ihrer Internetpräsenz oder gleich zum Kauf des Produktes motivieren.

Die für den Kunden wichtigsten Informationen sollten der Anzeige auf einen Blick zu entnehmen sein; gleichzeitig darf sie aber nicht überladen wirken. Schon wieder gilt: Weniger ist oft mehr – achten Sie auf eine kluge Blickführung des Betrachters vom auffälligen Eyecatcher über elementare Produktinformationen bis hin etwa zu Ihrer Internetadresse.

Setzen Sie es sich zum Ziel, Ihre Anzeige eine kleine Geschichte erzählen zu lassen und die Augen des Betrachters interessiert für einige Sekunden an die Anzeige zu binden, ihn zu einem gewissen Grad zu fordern, auch nicht zu überfordern.

Website

Verlassen Sie sich auf Ihre Intuition und Erfahrung; suchen Sie einen Kompromiss zwischen Übersichtlichkeit, Informationsgehalt und ansprechendem Design zu finden.

Ist ein langer Begrüßungstext auf der Startseite förderlich, Besucher zur weiteren Auseinandersetzung mit Ihrem Produkt einzuladen oder wirkt er womöglich eher abschreckend?

Die entscheidenden Vorteile Ihres Produktes können Sie in wenigen Stichworten prominent platzieren und tiefgreifende Feinheiten für besonders Interessierte beispielsweise auf eine Unterseite auslagern.

Businessplan

> *„Eine nachhaltige Zukunftsorientierung bei aktiver Gestaltung der Gegenwart ist unbedingte Voraussetzung für eine erfolgreiche Unternehmensführung."*
> —K. Hoppermann

Der Businessplan soll langfristige Grundlage Ihres unternehmerischen Handelns werden. Nehmen Sie sich also die Zeit und stellen Sie eventuell vorbereitend angefertigte Texte auf den Kopf – oder viel besser: Formulieren Sie komplett neu! Nur so können Sie den roten Faden stricken, der den Businessplan in seiner Gesamtheit schlüssig macht.

Rückschau

Die Siegerehrungen

Schafft man es deutschlandweit in die Top 10, winken drei Siegerehrungen. Prämiert wird auf Stadt-, Verbands- und Bundesebene.

Auf Stadtebene ist aus ersichtlichen Gründen in vielen Fällen eine Top-10-
oder sogar Top-5-Platzierung schon vorprogrammiert. Neben kleineren
Sachpreisen wie Edelminze und Trivialgeschenken gibt es auch hier schon
Geldprämien, über deren Höhe jedes Institut selbst entscheidet. Oft ist es
üblich, dass zumindest die bestplatzierten Teams bei der Siegerehrung
ihre Ideen, die auf einer Kickoff-Veranstaltung möglicherweise bereits
umrissen wurden, nun noch einmal kurz vorstellen, wozu Laptop und
Beamer (Stichwort: PowerPoint) zur Verfügung stehen. Meist ist die Presse vor Ort und schreibt eine kleine Meldung oder – je nach nationalem
Abschneiden – auch einen umfangreicheren größeren Artikel für die lokale Zeitung (siehe Pressespiegel, Anhang 5).

Auf den folgenden Seiten die von uns für die Siegerehrung in Aachen
vorbereiteten Folien, die wir später auch unverändert mit zur Bundessiegerehrung nach Hamburg genommen haben, wo sie den Anwesenden
über unseren Köpfen mit Videoprojektor gezeigt wurden.

Musik im einundzwanzigsten Jahrhundert:
eine Innovation von **BHK**.

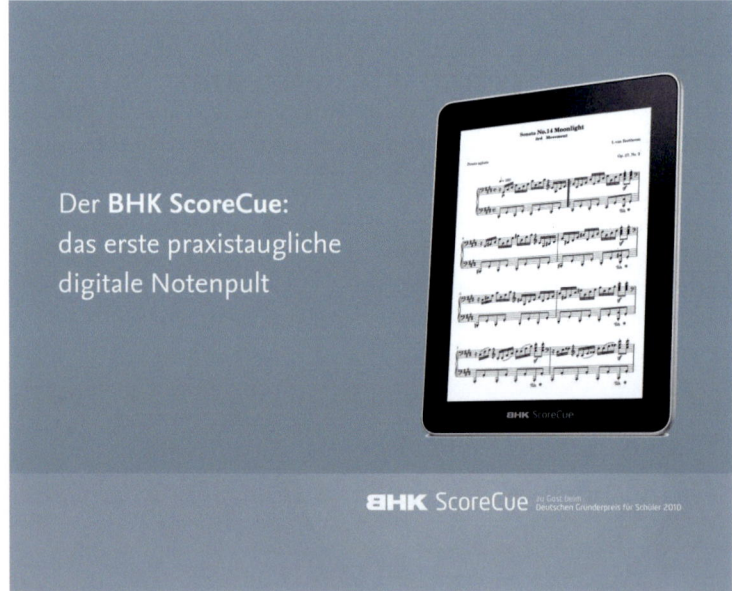

Der **BHK ScoreCue**:
das erste praxistaugliche
digitale Notenpult

Kundenbenefit

Bequemes	*die ganze*	*günstige*
Umblättern	*Notensammlung*	*Notenpreise, große*
(Taster/Pedal)	*immer dabei*	*Verfügbarkeit*

BHK ScoreCue zu Gast beim
Deutschen Gründerpreis für Schüler 2010

nur das erste Produkt aus der Reihe der
Customized Tablet PCs mit Mehrwert

BHK ScoreCue zu Gast beim
Deutschen Gründerpreis für Schüler 2010

Kundenbenefit

Stabilität auch im geschäftskritischen Einsatz

intuitive Bedienung durch zielgruppennahe Entwicklung

optimierte Hardware: Akkulaufzeit, Bildschirmgröße etc.

BHK ScoreCue zu Gast beim Deutschen Gründerpreis für Schüler 2010

Vision: Customized Tablet PCs als eigener Markt neben Allrounder-Geräten (Consumer Electronics)

BHK ScoreCue zu Gast beim Deutschen Gründerpreis für Schüler 2010

Das Halten von Referaten und kleineren Vorträgen unter Zuhilfenahme von PowerPoint-Präsentationen war uns allen bereits aus der Schule vertraut, wo es aus der modernen Didaktik nicht wegzudenken ist. Bedauerlich ist, dass hier oft unbedacht Inhalte vor lieblos ausgewähltem oder gar gänzlich unpassendem Hintergrund (dies ist fast vorprogrammiert, bedient man sich der mitgelieferten Hintergründe) in Stichpunkten oder gar in Form von Fließtext eingefügt werden. Der Adressat wird so oft visuell und auditiv gleichermaßen reizüberflutet. Zu viele Folien mit zu viel Inhalt in zu kurzer Zeit machen selbst ansonsten sehr gut vorgetragene Präsentationen zunichte.

Uns war es daher wichtig, die Anzahl der Folien gering zu halten und den visuellen Part auf wenige Folien mit Schlagwörtern oder kleinen Denkanstößen zu beschränken, denn: Weniger ist oft mehr. Lieber investiere man etwas mehr Zeit in die Vorbereitung des mündlichen Vortrags als in die extensive Überladung der Bildschirmpräsentation. All dies konnte uns vor der Siegerehrung ein namhafter Key Account Manager bestätigen. Mit diesem bestätigenden Rückenwind haben wir die Präsentation erfolgreich gehalten und bekamen durch die Bank positive Rückmeldungen zu Vortrag und Ausgestaltung der Folien.

Zur Verbandssiegerehrung des Rheinischen Sparkassenverbandes wurden wir nach Düsseldorf eingeladen. Wir trafen uns zu morgendlicher Stunde zur Abfahrt und warteten auf den angekündigten Mini der Sparkasse, der für solche Zwecke zur Verfügung steht. Umso größer war die Überraschung, als stattdessen eine weiße Stretchlimousine Marke Lincoln mit Chauffeur vorfuhr, aus der sodann unsere werte Spielbetreuerin ausstieg, um uns zu begrüßen. Zwar hatte sie bereits eine Woche vorher bei der städtischen Siegerehrung der Sparkasse Aachen mit einem Augenzwinkern von einer kleinen Planänderung gesprochen, doch hierauf waren wir nicht gefasst. Entsprechend genossen haben wir bei einem Sektfrühstück im Inneren die Fahrt nach Düsseldorf mitsamt Spielbetreuerin und betreuendem Lehrer. Unser Consulter Herr Dr. Ralf Hillemacher war ebenfalls eingeladen, aus privaten Gründen aber leider verhindert.

Anders als auf Stadtebene wurde hier eine Vorstellung der einzelnen Ideen und gegründeten Unternehmen nicht verlangt; vielmehr erschlossen sich die Produktideen den Anwesenden durch das Gespräch zwischen dem kessen Moderator und den Teams auf der Bühne. Bereits lange zuvor hatte uns unser betreuender Lehrer, der in den vergangenen Jahren schon andere Teams bis zur Verbandssiegerehrung gebracht und begleitet hatte, vor den teilweise bissig-spitzen Fragen des Moderators, der seinen Job wohl ausgezeichnet mache, gewarnt und uns geheißen, stets schlagfertige Antworten parat zu haben.

Hatten wir uns diesen Rat doch gut zu Herzen genommen und uns entsprechend vorbereitet, kam uns der Umstand zugute, dass wir erstplatziert und so das letzte von zehn Teams waren, das auf die Bühne gebeten wurde. Doch noch ein anderer, wirklich erstaunlicher Zufall spielte uns in die Hände: Zweitplatziert war ebenfalls ein Team, das die Idee für ein digitales Notenpult ausgearbeitet hatte und vor uns auf die Bühne kam. Bei der Laudatio waren wir, als diese oberflächlich betrachtet völlig identische Produktidee verlesen wurde, einigermaßen überrascht und gingen schon davon aus, wir seien womöglich doch nur zweitplatziert; schnell wurde aber klar, dass noch ein anderes Team die Idee hatte, was nur für die Notwendigkeit der Entwicklung eines praxistauglichen digitalen Notenpultes sprach und uns bekräftigte. (Auf die kessen Fragen des Moderators, der uns aus der Situation einen Strick drehen wollte, erwiderten wir schlagfertig und die eigene Verblüffung kaschierend, das zweitplatzierte Team als unsere Pressesprecher vorgeschickt zu haben.)

„Dagegen sind wir versichert!", war unsere schmissige Antwort auf die Frage, was passiere, wenn der BHK ScoreCue bei einem Konzert einmal ausfalle. Natürlich standen wir anschließend gern ausführlich Rede und Antwort zu unserer Produktidee und unserem Unternehmen.

Die schon im Vorhinein von unserem betreuenden Lehrer in den höchsten Tönen gelobte Verköstigung bei der Düsseldorfer Siegerehrung war überragend. Für das leibliche Wohl war mit kalten und warmen Speisen in Form eines Buffets sowie Getränken gesorgt. Gepflegte Konversation konnten wir beim Essen mit verschiedenen Investoren und Wirtschaftsexperten führen, die die Siegerehrung verfolgt hatten und uns Rückmeldung gaben oder aus ihrem Berufsfeld erzählten.

Für hervorragende Unterhaltung sorgte weiterhin der eigens für die Siegerteams engagierte Zauberer, dem niemand der Anwesenden auf die Schliche kommen konnte. Während er pfiffige Karten- und Seiltricks darbot, stahl er einem Mädchen die Armbanduhr, um sie ihm später zu seiner Verblüffung zurückzugeben. Wer bis hierhin dachte, ein Zauberer komme nur auf einem Kindergeburtstag gut an, wurde jäh eines besseren belehrt. Das BHK-Urteil? Dieser Mann konnte wahrhaftig zaubern – so zumindest unser einstimmiger Eindruck.

Zur Bundessiegerehrung nach Hamburg ging es am 22. Juni per Zug. Zwar konnte uns unser Consulter wegen eines fortwährenden Auslandsaufenthaltes nicht begleiten, doch waren wir mit betreuendem Lehrer und Spielbetreuerin ein sehr gut eingespieltes und aufeinander abgestimmtes Team.

Angekommen bestritten wir den recht überschaubaren Weg zum Designhotel. Eine halbe Stunde nach Ankunft wurden wir unten bereits von Kamerateams und Organisatoren erwartet. Namensschilder zum Anklippen an den Anzug waren vorbereitet worden und lagen auf einem Tisch, doch hatten wir von BHK bereits Vorsorge getroffen und eigene hochwertige Namensschilder mit anzugschonender Magnetbefestigung mitgebracht, die wir schon in Aachen auf der städtischen Siegerehrung getragen hatten.

Von jedem der zehn Teams wurde ein kurzer Videobeitrag gedreht, wozu jeweils ein Mitglied vor der Kamera unter Anleitung der Online-Praktikantin des „Stern" knackige Antworten auf ein paar standardisierte Fragen geben durfte. „Was ist eure Idee?", „Was hat euch die Teilnahme am DGPS gebracht?" und ähnliches. Die vielen Antworten wurden später zu einem griffigen Zusammenschnitt aufbereitet, der auf der Internetseite des DPGS abgerufen werden konnte und gleichermaßen für die Beteiligten eine schöne Erinnerung wie für Außenstehende einen interessanten kleinen Einblick darstellt.

Mit Shuttlebussen traten wir die Fahrt zum Verlagshaus Gruner + Jahr an, in dem die Siegerehrung abends stattfinden sollte. Nach einem von dem für die Veranstaltung abgestellten, waghalsig auf Treppengeländer turnenden Fotografen geschossenen Gruppenfoto auf der Treppe wurden wir ins Innere geleitet, wo kleine Snacks und kühle Getränke bereitstanden. In einem Konferenzraum empfingen uns die Organisatorin Nadja Töpper und „der" geheimnisumwobene „Mister S" (hierzu sei an dieser Stelle nicht mehr gesagt), die einige begrüßende und anerkennende Worte an uns richteten. Jeweils ein Vertreter eines jeden Teams (meist der Geschäftsführer) stellte dieses in einem Satz zu Herkunft, Unternehmen und Produkt den Anwesenden kurz vor.

In den nächsten zweieinhalb Stunden schoss „Stern"-Fotograf Klaus Knuffmann in einem Nebenraum Fotos der einzelnen Teams, nach Möglichkeit stets mit einer Requisite, die das entwickelte Produkt symbolisierte. Da uns leider trotz zu diesem Zwecke individuell angefertigtem Empfehlungsschreiben aus der Feder unserer engagierten Spielbetreuerin der Sparkasse Aachen der örtliche Apple-Händler kein Ausstellungsgerät des aktuell erschienenen „iPad" aushändigen konnte, hatten wir, abgesehen von Notenständer und Blockflöte, die wir später in unserer Präsentation einsetzen wollten, nichts im Gepäck, was konkret auf unsere Produktidee hätte hindeuten können. Glücklicherweise konnte die routinierte „Stern"-Praktikantin Anna-Laura Seidel kurzfristig im Verlagshaus ein Gerät besorgen, welches wir sodann auf dem Foto in die Kamera hielten.

Die Siegerehrung als solche, mit vorheriger Präsentation der Produktideen, fand in einem kleinen Auditorium im Verlagshaus statt, das bereits entsprechend hergerichtet war. Waren die Platzierungen auf Stadt- und Verbandsebene bereits bekannt, wussten die hier anwesenden Teams die genaue Platzierung noch nicht; die Spannung blieb also bis zuletzt erhalten. Aus ebendiesem Grund stellten nach Ansprachen von Vertretern der

Träger (ZDF, „Stern", Sparkasse, Porsche sowie das bundesdeutsche „Zukunftsministerium") zunächst alle Teams in alphabetischer Reihenfolge ihr Unternehmen und ihre Produktidee vor, bevor anschließend die Platzierung in aufsteigender Reihenfolge bekanntgegeben wurde.

Einige Wochen vor der Siegerehrung erhielten wir ein vielseitiges Briefing per Post, in dem wir angehalten wurden, eine Bildschirmpräsentation und einen Vortrag vorzubereiten. Hier wurden einige Anforderungen an uns gestellt: Die Vorstellung der Idee und der Mitglieder war als nezitativ anzusehen; als „Kür" dagegen könne man weiterhin erzählen, was man im Rahmen des Wettbewerbs gelernt, welche Erfahrungen man gemacht habe. Weiterhin sei es gern gesehen, wenn sich eine gewisse Dramaturgie durch den Vortrag ziehe.

Die Präsentationen

Bei den Präsentationen der Teams stellte BHK fest, dass sich lediglich bei einer Präsentation neben der unseren ein dramaturgischer „roter Faden" durch den Vortrag zog, wobei diese ein komplett vorformuliertes kleines Schauspiel war. Einige Teams hatten versucht, ihren Vortrag in seiner Gänze auswendig zu lernen, was der Präsentation eine etwas komische Note verlieh. Andere verschwendeten den Löwenanteil des Zeitrahmens von fünf Minuten darauf zu sagen, dass sie bei der Bearbeitung der Aufgaben sehr viel Spaß gehabt hätten oder wie viele Ideen sie verwerfen mussten, bevor sie die ihre schließlich gefunden hatten. Fast durch die Bank aber wurde die Vorstellung der Teammitglieder hinsichtlich der Dauer mit der des Produktes mindestens auf eine Stufe gestellt, und die bis zu sieben Personen wurden mitsamt ihrer Positionen portraitiert, sodass unseres Erachtens der durchschnittliche Anwesende weder das eine, noch das andere hätte behalten können.

Aus genannten Gründen handhaben wir die Vorstellung der Teammitglieder dergestalt, dass sich jeder erst vor Ergreifen des Wortes kurz namentlich und mit Position vorstellte. Hier hätten wir uns mehr Tipps und Anleitung vonseiten der Spielleitung erhofft (vgl. Wettbewerbskritik, Anhang 3).

Unser Vortrag war so gegliedert, dass zunächst Tobias als Geschäftsführer begrüßende Formeln an das Publikum richtete und einige Worte zu Produkt und Unternehmen verlor. David fuhr als Unternehmensstratege fort, eloquent über die Vorzüge des Produktes zu parlieren.

Unsere gezielt eingesetzte, sehr wirkungsvolle Dramaturgie bestand darin, dass Robert auf der Bühne neben dem Rednerpult (sich absichtlich etwas ungeschickt anstellend und so völlig vergeblich) versuchte, einen Klappnotenständer aufzustellen und ein Notenheft darauf zu platzieren, damit wir, wie Tobias mit ernstem Ton vorher angekündigt hatte, mit einer zur Produktidee passenden kleinen musikalischen Einlage den Vortrag beginnen könnten. Weil es sich als schwieriger herausstellte, die Noten auf dem Ständer zu platzieren, da diese stets herunterfielen oder zuklappten (vgl. Produktvorteile), wurde zunächst mit dem Vortrag fortgefahren, bis sich Robert mit dem zugleich empörten wie verdrießlichen Ausruf „Ich habe keine Lust mehr, es klappt einfach nicht!“ zu uns gesellte und bald das Wort ergriff, um die technischen Finessen des BHK ScoreCue zu beleuchten.

Insgesamt kam unser freier Vortrag, unterstützt durch die inhaltlich minimalistischen, graphisch ansprechenden Folien sowie die schmissige Dramaturgie, sehr gut an und wurde später auf der Aftershow-Party mehrfach gelobt. Die Präsentation wurde aus genannten Gründen als die beste gerühmt und wir als eloquent und kreativ charakterisiert, was uns sehr gefreut hat und über die kleine Enttäuschung, dass wir so knapp vor dem Siegertreppchen haltgemacht hatten, etwas hinwegtrösten konnte. Dennoch waren wir natürlich sehr froh, dass uns als Top-5-Team die Teilnahme am Future Camp sicher war.

Nach Analyse der Top-10-Platzierungen der vergangenen Jahre entstand aber später der Eindruck, dass der vierte der eigentliche erste Platz sei und die ersten drei Plätze Produktideen mit entschiedener Eye-Catcher-Qualität für Zeitungsschlagzeilen und meist ohne klar definierte Zielgruppe vorbehalten seien: Produkte für jedermann, die den Alltag erleichtern sollen. Ob diese Produkte realisierbar sind, spielt leider überhaupt keine Rolle, was bis heute unser zentraler Kritikpunkt am Wettbewerb bleibt.

Bei unserer Laudatio wurde besonders unsere gute Öffentlichkeitsarbeit hervorgehoben. Nach einem Foto mit Pokal und Laudator (in unserem Falle Alexander Stock, Kommunikationschef beim ZDF) ließen wir alle gemeinsam den Abend bei kalten Getränken und schmackhaftem Buffet ausklingen. Hier bot sich auch die Möglichkeit zum Gespräch mit den anwesenden Wirtschaftsgrößen.

Nebst reichem Erfahrungsschatz und vielen Stunden spaßiger Zusammenarbeit brachten uns die Siegerehrungen beträchtliche Preisgelder:

Ebene	Platz	Preisgeld	je Teammitglied
Sparkasse Aachen	1	500 Euro	167 Euro
Rheinischer Sparkassen- und Giroverband	1	1750 Euro	583 Euro
bundesweit	4	600 Euro	200 Euro
insgesamt		**2850 Euro**	**950 Euro**

Dabei gilt es zu beachten, dass örtliche Sparkassen und die Sparkassenverbände ihre Preisgelder autonom festsetzen. Bei den Preisgeldern zeigt sich der große Vorteil kleinerer Teams: Für den Einzelnen springt finanziell mehr heraus; ganz zu schweigen davon, dass die Kommunikation mit weniger Leuten bei weitem einfacher ist als bei mehreren.

Future Camp

Das *Future Camp* winkt den Top-5-Teams als Belohnung. Der mit Arbeit verbundene Teil des Wettbewerbs liegt hier bereits in fernerer Vergangenheit. In Absprache mit der Spielleitung plaudert BHK an dieser Stelle nicht aus dem Nähkästchen; wir beschränken uns darauf, zu sagen, dass die Teilnahme am Future Camp eine unvergessliche Erfahrung war, von der wir in Zukunft privat wie beruflich bestimmt profitieren können.

Wettbewerbskritik

Die Teilnahme am Wettbewerb war für uns fraglos eine unbezahlbare Erfahrung, der wir nicht nur lehrreiche Stunden gemeinsamen Arbeitens und viel Spaß verdanken. Wir durften über mehrere Monate hinweg Unternehmerluft schnuppern und erhielten obendrein üppige Geld- und Sachprämien. Unsere Teilnahme am Deutschen Gründerpreis für Schüler 2010 bleibt uns in durchweg positiver Erinnerung. Nichtsdestoweniger wollen wir auch einige kritische Gedanken, die uns im Laufe des Wettbewerbs kamen, dem Leser nicht vorenthalten:

Nach teilweiser oder gar vollständiger Lektüre unserer Ausarbeitungen dürfte Ihnen ein bisweilen leicht zynischer Unterton nicht entgangen sein, der sich wie ein roter Faden durch die Aufgaben zieht. Jener ironische Grundtenor mag den Eindruck erweckt haben, es bestehe eine Art gewisser innerer Ablehnung oder Antipathie gegenüber Wettbewerb oder einzelnen Aufgabenstellungen.

Auffällig ist der bisweilen vielleicht überspitzte Gebrauch von Vokabular aus dem Feld der Betriebswirtschaft. Dies liegt in unserem ersten Eindruck der gestellten Aufgaben begründet: Fast durch die Bank standen betriebswirtschaftliche Aspekte im Vordergrund, während dagegen uns sehr wichtig erscheinende Punkte wie Realisierbarkeit und Praxistauglichkeit respektive tatsächlicher Nutzen des Produktes zu kurz kamen.

Hatten wir uns vorbereitend auf den Wettbewerb gerade mit der Realisierbarkeit und der Möglichkeit der technischen Umsetzung unseres Notenpultes mithilfe modernster Touchscreengenerationen auseinandergesetzt, ernüchterte uns diese doch recht fragwürdig erscheinende und stets in dieselbe Richtung gehende Akzentsetzung der Spielleitung, dachten wir doch, es werde bei einem Wettbewerb mit Titel „Gründerpreis" – auch in der Kategorie Schüler, wenn auch hier aus ersichtlichen Gründen etwas abgeschwächter – besonderer Wert darauf gelegt, nah an der Realität einer tatsächlichen Unternehmensgründung zu arbeiten.

Aus diesem Grunde in unserem Elan etwas gebremst, entschieden wir uns, Jury und Spielleitung bei unserer Bearbeitung der Aufgaben ganz nach dem Munde zu reden und karikierend zu formulieren, wobei uns bewusst war: Entweder die Jury enttarnt unsere mit Zynismus vertuschte Enttäuschung über das streckenweise Abgehen von Produktbezug der Aufgaben und platziert uns jenseits der 500 besten Teams, oder aber unsere Art zu formulieren trifft bei ihr auf fruchtbaren Boden und uns winkt eine Platzierung ganz oben, wenn nicht sogar in den Top 10 – vorausgesetzt, wir halten den von uns schon in den ersten Aufgaben recht hoch angelegten Qual- und Quantitätsstandard auf vorgelegtem Niveau.

Zu unserem Glück trat der zweite Fall ein und wir können heute auf drei Siegerehrungen mit tollen Sach- und Geldpreisen, das Future Camp und eine insgesamt sehr erfolgreiche Teilnahme am Deutschen Gründerpreis in der Kategorie Schüler über mehrere Monate des Jahres 2010 zurückblicken.

Auszüge aus dem Kritikbrief

Zwar gab es nach erfolgter Teilnahme für alle Teams die Möglichkeit, die verschiedenen Aufgaben online mit Punkten von 1 bis 10 zu bewerten, doch schien uns dies für konkrete Kritik eine unzureichende Möglichkeit der konstruktiven Rückmeldung zu sein. Stattdessen formulierten wir einen Brief in bewährtem Kommunikationsstil aus, den wir zwischen Bundessiegerehrung und Future Camp den Organisatoren des Wettbewerbs und „Mister S" auf postalischem Wege zukommen ließen. Diesen könne man im Future Camp dann in Ruhe besprechen, hieß es in einem Antwortschreiben der Spielleitung.

Ob die Rückmeldungen der übrigen Teams und/oder unser Kritikbrief bei der Spielleitung auf fruchtbaren Boden gefallen sind, können wir, da uns eine erneute Teilnahme wegen des guten Abschneidens verwehrt bleibt, nicht beurteilen; nach den Gesprächen mit „Mister S" beim Future Camp im September 2010 sind wir doch recht zuversichtlich, dass Gutes beibehalten und Verbesserungswürdiges auch verbessert wurde.

Da der gänzliche Abdruck unseres Kritikschreibens an die Jury den Rahmen dieses Buches sprengen würde, lesen Sie nachfolgend ausgewählte

Kernauszüge (von der BHK-Redaktion stellenweise etwas entschärft und gekürzt).

Zum Juryfeedback

Für die zehn bestplatzierten Teams wäre ein kritischeres Feedback interessant, das eine genauere Differenzierung innerhalb der Top 10 erlauben würde; die von der „Top-Jury" festgelegte Platzierung ließe sich dann nachvollziehen. Schließlich ist neben dem für die sicherlich gute Arbeit angemessenen Lob auch gerade konstruktive Kritik von großer Bedeutung.

Zur Aufgabenstellung

Schade finden wir, dass bei den Aufgaben stets wenig Wert auf die Entwicklung der Produktidee selbst gelegt wurde. Man mag die Ansicht vertreten, diese Beschränkung sei wichtig, um die Schüler weder fachlich, noch zeitlich zu überfordern; wir halten dagegen: Gerade in einem Wettbewerb, in dessen Rahmen junge Menschen an die Welt des Unternehmertums herangeführt werden sollen, dürfen die Inhalte nicht aus dem Fokus geraten. Eine Aufgabe mehr Produkterläuterung und eine Aufgabe weniger betriebswirtschaftliche Theorie hätte der Lösbarkeit sicherlich keinen Todesstoß versetzt.

Zu den Top-3-Platzierungen der vergangenen Jahre

Diese fragwürdige Prioritätensetzung spiegelt sich offenkundig in der Bewertung wieder. So haben wir bereits im Vorfeld des Wettbewerbs analysiert, dass dem Urteil der „TOP-Jury" gewisse ungeschriebene Regeln zugrundeliegen: Die Top 3 scheinen stets Teams vorbehalten, deren Geschäftsideen große „Eyecatcher-Qualität" besitzen, dafür aber oft sehr eingeschränkt realisierbar sind. Zielgruppe ist meist „jedermann" (am Beispiel der Top 3 dieses Jahres demonstriert: „Fahrradfahrer"; „Menschen mit Küche und/oder Tellern"; „Menschen, die trinken") – de facto kann das Produkt dann zwar „jeder", dafür aber kaum jemand wirklich gebrauchen.

Zur Realisierbarkeit

Wenn man bedenkt, dass der Wettbewerb immer noch „Gründerpreis für Schüler" heißt, würde man erwarten, dass man den ausgearbeiteten Businessplänen auch bei einer wirklichen Gründung Erfolgspotential bescheinigen kann. Zumindest in den Top 10 hätte daher ein Realitätscheck für die eingebrachten Geschäftsideen stattfinden sollen, findet BHK. Werfen wir einen Blick auf die Top 3 des Jahres 2009: Ein Mammographiegerät in Deogröße? Der konsequente nächste Schritt wäre die Chemotherapie-Pille für Krebspatienten daheim, ohne Nebenerscheinungen wie Haarausfall – klingen täte dies sicherlich gut, aber die Realisierbarkeit käme der eines Brustkrebsscanners in Deogröße nahe.

Oder anhand des diesjährigen Bundessiegers „Argus" illustriert: Wenn der Fahrraddieb ein konventionelles Fahrradschloss knacken kann, wird er mit Sicherheit auch den GPS-Sender unter dem Sattel entfernen können. Den vom Team erwähnten Spezialschlüssel, den – so die Theorie – nur Fahrradhändler und -läden erhalten sollen, wird man bei ausreichender krimineller Energie über einschlägige Vertriebskanäle ebenso leicht erstehen können wie Lockpicking-Sets, die zum Knacken handelsüblicher dickkettiger Fahrradschlösser erforderlich sind. Damit pendelt sich der Vorteil der elektronischen Diebstahlsicherung auf einen Nullwert ein. Die Möglichkeiten des Datenmissbrauchs stellen ein eigens zu behandelndes Kapitel dar.

Schlagwörter wie „umweltfreundlich" sind im Sinne der „Eyecatcher-Qualität" besonders beliebt – als Beispiel sei die diesjährig zweitplatzierte „Deutsche Porzellan GmbH" genannt, die offenbar völlig unreflektiert sagt: „Unsere Erfindung macht Spülmaschinen überflüssig und spart Wasser, ist also umweltfreundlich." Die Gruppe scheint auszublenden, dass eine Spülmaschine gegenüber einem manuellen Spülgang bereits bekanntermaßen Wasser einspart. Weiterhin werden Besteck und Plastikteile aus der Küche nicht bedacht, die ebenfalls gesäubert werden müssen; sei es in der Spülmaschine, die ergo nicht abgeschafft werden könnte, oder per Hand, was sodann kein Wasserersparnis darstellen würde und somit keinesfalls umweltfreundlich(er) wäre. Entlarvend das (sinngemäß zitierte) Statement des Geschäftsführers auf die vom Moderator gestellte Kostenfrage: „Die Übertragung des Lotus-Effekts auf Porzellan klappt zwar nicht, aber wenn es ginge, würde ein Teller schon mindestens 100

Euro kosten". Was man dann für ein 96-teiliges Geschirrset einplanen müsste, möchte man gar nicht erst hochrechnen.

Warum Platz 4 der eigentliche Platz 1 ist

Wir sind stolz, mit einem Konzept an den Start gegangen zu sein, mit dem wir uns tatsächlich identifizieren konnten und das wir vor allem als uneingeschränkt realisierbar und erfolgversprechend bewerten, auch wenn eine Platzierung in den Top 3 damit von vornherein nicht im Rahmen des Erreichbaren lag. Immerhin könnte man unter diesen Gesichtspunkten den Platz 4 geradezu als den eigentlichen Platz 1 verstehen, sodass wir über die Platzierung überaus erfreut sind.

IV

Echo

Juryfeedback

Jedes Team, das in den Aufgaben 1 bis 8 die entsprechende Punktzahl erreicht hat, nahm schließlich an der „Juryrunde" teil. Hier wurden die Website sowie die Ausarbeitungen zu Aufgabe 9 von einer Jury ausführlich unter die Lupe genommen. Anders als bei den Aufgaben 1 bis 8 geht es hier nicht nur darum, dass man etwas geschrieben hat; vielmehr wurden die Ausarbeitungen zu Aufgabe 9 auf den qualitativen Prüfstand gestellt.

Das Feedback für BHK enthält sicherlich wertvolle Anregungen, die helfen können, eigenen Ausarbeitungen den entscheidenden Feinschliff zu verleihen.

Feedback für das Team „BHK"

Hallo Tobias Burgholz,
hallo David Muschiol,
hallo Robert Meyer!

Ich freue mich, dass Sie die Herausforderung „Unternehmungsgründung" angenommen haben. Viele Menschen träumen davon, sich selbstständig zu machen. Aber nur wenige wissen, wie viel Arbeit und Einsatz dies erfordert. In den letzten Monaten haben Sie sich mit der Gründung eines fiktiven Unternehmens beschäftigt. Sie haben dabei viel Zeit investiert und durchgängig hohes Engagement bewiesen.

Homepage

Ihre Homepage wirkt sehr professionell. Es macht richtig Spaß, sich auf Ihrem Marktplatz umzuschauen! Die Seite ist nicht nur äußerst ansprechend was das Design angeht, ich finde auch, dass die ganze Art und

Weise, wie Sie sich darstellen perfekt zur Idee des Marktplatzes passt – Kreativität überall. Alle relevanten Informationen findet der interessierte Besucher auf Ihrer Homepage. Inhaltlich bleiben keine Fragen offen: Sehr gelungen ist die Trennung der Onlineshops, trotz technischer Einschränkungen. Sie beschreiben klar Ihr Produkt und nennen die Preise. Schön ist auch, dass Sie zusätzlich über den Namen des Unternehmens informieren und sich selbst vorstellen. Sehr gut, dass Sie an obligatorische „Kleinigkeiten" wie Impressum und AGBs sowie die automatische Kontakt-E-Mail gedacht haben.

Baustein 1

Ihre Zusammenfassung hat mein Interesse geweckt, sie ist interessant zu lesen und überzeugend! Alle Bausteine des Geschäftskonzepts schneiden Sie an, sodass man einen guten Überblick bekommt. Ihre Unternehmensidee ist auf Anhieb verständlich. Es wird deutlich, dass Sie sich intensiv mit Ihrer Geschäftsidee auseinandergesetzt haben. Sehr überzeugend ist für den Leser, dass Sie Risikostrategien vorstellen und von den Strategiegesprächen mit dem Unternehmensberater Dr. Hillemacher berichten. Ihre sehr gute Zusammenfassung Ihrer Geschäftsidee hat mein Interesse geweckt.

Baustein 2

Sie haben für Ihr Unternehmen die Rechtsform der GmbH gewählt. Dabei haben Sie wichtige rechtliche Elemente dieser Rechtsform gut herausgearbeitet. Ihre Entscheidung kann ich anhand Ihrer Erläuterungen gut nachvollziehen. Sie haben sich ausführlich informiert und wissen genau, wo die Vor- und Nachteile dieser Form liegen. Sehr schön, dass Sie als Alternativwahl die „Mini-GmbH" erwähnen und die Beweggründe gegen die Wahl dieser Möglichkeit.

Baustein 3

Im dritten Baustein beschreiben Sie Ihr innovatives Vorhaben, das digitale Notenpult in die Welt der Musik(er) einzubringen. Erfrischend, wie Sie hier durch überzeugende Inhalte und flüssige Formulierung die Werbetrommel für Ihre Dienstleistung rühren. Sehr überzeugend, dass Sie sich mit BHK nach der erfolgten Bedarfs- und Kundenanalyse auf dieses ermittelte Marktsegment konzentrieren. Die bedarfsorientierte Fokussierung auf die Wünsche der Zielgruppe ist folgerichtig. Es wird deutlich, welchen Nutzen Sie der Zielgruppe bieten können. Gerade diese Anwender werden von Produkteigenschaften und Eigenheiten, die außerhalb der üblichen Anwendung liegen, abgeschreckt. Ich finde es erfreulich, dass Sie offensiv Ihre Preispolitik für die beiden Segmente vertreten und schon eine Preisuntergrenze festgesetzt haben. Wirksam bei der Kaufentscheidung ist, dass Sie die Notenwerke als „Zusatzartikel" günstig anbieten. Zu Abschluss dieses Bausteins möchte ich noch hervorheben, dass Sie so geschickt formulieren, dass trotz aller technischen Begrifflichkeiten die Verständlichkeit des Bausteins nicht verloren geht. Gratulation.

Baustein 4

Gibt es überhaupt eine entsprechende Nachfrage von Musikern nach digitalen Noten, wenn ja, wie groß ist sie? Das ist eine der entscheidenden Fragen bei Ihrer (jeder) Geschäftsidee. In Baustein 4 geht es um eine möglichst genaue Beschreibung des Markts und der Mitbewerber sowie eine Erläuterung der eigenen Positionierung in dieser Branche. Sie haben sich die große Zielgruppe der Musiker ausgesucht, die sich in professionelle, semiprofessionelle und (ich möchte sagen) Hobbymusiker teilt. Mithin ein großes zukunftsträchtiges stabiles Marktpotenzial. Überzeugend, dass Sie gesondert die Gruppe der 32.000 Musikstudenten anführen, die das Segment der Profimusiker anführen und darüber hinaus die Kaufkraft als Faktor nicht vergessen. In Ihrer Analyse weisen Sie auf die Mitbewerber und deren Produkte hin, die ein sehr enggefasstes Kundenklientel ansprechen. Gerade weil Annahmen von Unternehmensgründern hinsichtlich der Markteinschätzung gerne subjektiv optimiert scheinen oder werden, überzeugen die Einschätzungen externer Experten. Interessant ist der abschließende Blick mit Ihren nachvollziehbaren Einschätzungen auf die Lieferantenseite. Auch in diesem Baustein überzeugen Sie!

Baustein 5

In Sachen Marketing haben Sie sich ausführlich Gedanken gemacht und sind zu sehr guten Ergebnissen gekommen. Sie wissen genau, wen Sie ansprechen wollen und mit welchem Mittel Ihnen das am besten gelingt. Ihre Preisgestaltung, gut begründet in Baustein 3, hätten Sie hier gerne noch einmal aufzeigen dürfen. Bei der Marketing- und Vertriebsplanung spielt die Festlegung des Marketingbudgets immer eine entscheidende Rolle. Der von Ihnen gewählte Marketingmix orientiert sich an den finanziellen Möglichkeiten eines Start-Up sowie der Werbemittelaffinität Ihrer identifizierten Zielgruppe. Sehr gut, dass Sie die AIDA-Formel bei der Werbekonzeption zugrunde legen. Neben dem Response-Prinzip integrieren Sie auch das Customer-Integration-Prinzip in Ihre Marketingplanung. Ihr angedachtes PR-Programm wird durch die „testlabs" noch einen Anschub erfahren.

Erfolgversprechend ist Ihr Ansatz, den ScoreCue über verschiedene Vertriebskanäle den Kunden anzubieten und somit den Kundenwünschen entgegenzukommen. Zum Abschluss dieses Bausteins: Sie haben eine sehr ansprechende Anzeige entworfen und auch Ihr Presseartikel vermittelt informativ und interessant Ihre Musikinnovation.

Baustein 6

Im sechsten Baustein wird deutlich, dass Sie sich mit Ihrem Team und seiner Entwicklung intensiv auseinandergesetzt haben. Sie beschreiben sehr anschaulich den Prozess, wie sich Ihr Team (weiter)entwickelt hat. Eindrucksvoll ist, wie Sie die individuellen Stärken identifiziert und für jedes Teammitglied ein entsprechendes Tätigkeitsfeld entwickelt haben. Dies zeigt, dass Sie sich mit der Personalplanung ausführlich auseinandergesetzt haben. Sehr ausführlich und zielorientiert formuliert sind die Teamregeln. Besonders hervorhebenswert finde ich die erste Regel, verbindet sie doch Technik, Team, Disziplin und Ergebniskonzentration. Der Leser bekommt einen guten Eindruck von Ihrer Teamkultur, da Sie intensiv und beispielhaft auf den Prozess der Teamentwicklung während der Entwicklung des Geschäftsplans eingegangen sind.

Baustein 7 und 8

Die 3-Jahresplanung ist ein wichtiger Baustein des Geschäftsplans, in dem der zukünftige Erfolg des Unternehmens abgebildet wird. Auch hiermit haben Sie sich erfolgreich beschäftigt. Ihre Kostenplanung ist schlüssig und nachvollziehbar, alle Kostenpunkte sind ausführlich erläutert und beruhen auf realistischen Annahmen. Sehr gut!

Sie haben sich intensiv mit der Unternehmensgründung beschäftigt, sehr viel Engagement in allen Bereichen gezeigt und ein wirklich durchdachtes, umfangreiches Konzept aufgestellt. Ihre Geschäftsidee ist sehr gut – ich bin gespannt darauf, wann Sie mit BHK auf dem Markt auftauchen!

Für Ihre berufliche und private Zukunft wünsche ich Ihnen alles Gute, viel Erfolg und weiterhin eine Menge Kreativität!

Ihr Juror

Pressespiegel

Die dem Lesevergnügen zuliebe digitalisierten Artikel finden Sie gegen Ende des Kapitels auch im Originallayout.

1. März 2010
Artikel „Aachener Zeitung"

Schüler stürmen mit Ideen den Markt

Gründerpreis: Auch beim diesjährigen Auftakt des Bundeswettbewerbs sind innovative Konzepte für fiktive Firmen gefragt

Aachen. Es ist der ganz alltägliche Wahnsinn im Supermarkt: Die Gänge sind verstopft mit Einkaufswagen, an der Kasse stauen sich die Schlangen, und am Ende muss man hetzen, um die gekauften Waren irgendwie in den Wagen zu legen. Damit soll jetzt Schluss sein, denn die „Jamilly cooperation" aus Herzogenrath hat ein neues Konzept entwickelt, um Einkaufen moderner, komfortabler und schneller zu gestalten.

Keine echte Firma

Auf den Markt bringen wird das Unternehmen die Idee so schnell allerdings nicht, denn „Jamilly" ist keine „echte" Firma, sondern ein Team von drei Schülern des Herzogenrather Berufskollegs, das am „Deutschen Gründerpreis für Schüler" teilnimmt. Der Gründerpreis ist ein Wettbewerb, bei dem Schülerinnen und Schüler fiktive Unternehmen gründen und innovative Geschäftskonzepte entwickeln müssen. Die Teams müssen sich dabei Aufgaben stellen, die auch echte Existenzgründer erwarten. Das Teilnehmerfeld beim diesjährigen Gründerpreis ist allerdings in der Städteregion übersichtlich: Vier Teams – neben den Herzogenrathern noch drei aus der Stadt Aachen – konkurrieren miteinander. Bei der Auftaktveranstaltung in den Räumen der Sparkasse Aachen mussten die Schülerinnen und Schüler nun ihre Konzepte vorstellen. Dabei präsentierten Jamilly, „BHK" vom Pius-Gymnasium sowie „Weight up" vom Kaiser-Karls-Gymnasium ihre Ideen. „BHK" möchte Musikern das Leben erleichtern: Statt Notenheften sollen Hobby- wie Berufsmusiker in Zukunft ihre Noten von einem handlichen Gerät mit Touchscreen ablesen können. Das erleichtert das Umblättern und soll dank des digitalen Vertriebs der Noten Kosten sparen.

Ein handliches Gerät möchte auch „Weight up" anbieten. Ein Scanner soll die gesunde Ernährung erleichtern, indem er Informationen über Nährwerte, Zucker- oder Fettgehalt liefert. Die Software merkt sich außerdem den Tageskonsum der Familie und kann so verraten, ob es abends zum Film eine Chipstüte sein darf oder ob man sich doch besser auf den Apfel beschränkt.

Das Einkaufen radikal verändern will hingegen „Jamilly": Statt Einkaufswagen wollen die Herzogenrather im Supermarkt der Zukunft Scanner einsetzen, mit denen man durch den Laden läuft. Damit geht es anschließend zur Kasse, die gekauften Waren erhält man dann am Automaten frisch aus dem Lager. Als viertes Team ist die „ITA GmbH" des Aachener Berufskollegs für Gestaltung und Technik am Start, das aber verhindert war und sein Konzept nicht vorstellen konnte.

Eines ist allen vier Teams gemein: Das große Ziel ist Berlin. Denn nach der Siegerehrung in Aachen am 9. Juni steht auch noch der bundesweite Vergleich an. Das beste Team darf dann schließlich nach Berlin und dort beim „Gründerpreis" einmal vorfühlen, wie es sich bei „richtigen" Unternehmern so anfühlt.

Weitere Infos im Netz: *www.dgp-schueler.de*

(Bildunterschrift: Frische Ideen für fiktive Firmen: Drei der vier Schülerteams aus der Städteregion, die am Gründerpreis teilnehmen, stellten bei der Sparkasse ihre unternehmerischen Konzepte vor. Foto: Andreas Schmitter)

Lars Odenkirchen

26. April 2010
Artikel „Aachener Zeitung"

Das Thema: Deutscher Schüler-Gründerpreis 2010

Nie mehr Chaos am Notenpult

Das Team „BHK ScoreCue" vom Pius-Gymnasium macht aus seinem Hobby Musik eine Geschäftsidee, die im Wettbewerb heranreift.

Aachen. „Musik befreit", so lautet der Slogan der Gruppe „BHK", die am Deutschen Schüler-Gründerpreis 2010 teilnimmt. Tobias Burgholz, Robert Meyer (beide 19 Jahre) und David Muschiol (18), alle drei Schüler des Bischöflichen Pius-Gymnasiums in Aachen, haben die Geschäftsidee eines digitalen Notenpults entwickelt – den „BHK ScoreCue". Diesen kann man sich ähnlich wie ein „iPad" mit einem viel größeren Bildschirm vorstellen. „Der BHK ScoreCue ist kein Alleskönner, sondern ein praxistauglicher, auf den Kunden abgestimmter Tablet-PC mit Mehrwert", so Tobias.

Doch wie kommt man auf den Namen „BHK ScoreCue"? „Es klingt gut!", so die einstimmige Antwort der drei Hobby-Musiker. Überhaupt hat das Projekt einen starken persönlichen Bezug, denn die drei machen schon seit vielen Jahren unter dem Teamkürzel BHK gemeinsam Projekte. Der Schüler-Gründerpreis ist vielleicht ihre letzte Zusammenarbeit, da die drei kurz vor ihrem Abitur stehen.

Wer kennt nicht als Musiker das Problem von „Blättersalaten" und „Notenchaos"?

Auch als Schüler erschien ihnen ein digitales Notenpult plausibel, da dieses das Problem von überfüllten Regalen, in denen man nicht mehr die richtigen Noten finden kann, lösen könnte.

Der Wettbewerb bietet ihnen die Möglichkeit, diese Idee einen kleinen Schritt greifbarer zu machen. Durch ihren Lehrer Ralf Hillemacher erfuhren sie vom Deutschen Schüler-Gründerpreis, und trotz des bevorstehenden Abiturs war die Entscheidung schnell gefallen, daran teilzunehmen.

Für David, Robert und Tobias stand im Mittelpunkt, dass dieser Wettbewerb eine Abwechslung zum gewohnten Schulstress darstelle und man ein

Gefühl bekomme für die Arbeit und Abläufe in einer Firma. „Es macht sich auch ganz gut im Lebenslauf, an einem solchen Wettbewerb teilgenommen zu haben oder vielleicht sogar zu gewinnen. Man lernt auf jeden Fall fürs Leben", so David.

Insgesamt rechnet sich das Team gute Chancen aus. Optimistisch sehen sie ihre Innovation als eine Marktlücke, die noch gefüllt werden muss.

„Wir haben bis jetzt durchgehend eine harmonische Zusammenarbeit gehabt und wir ergänzen uns als Team sehr gut", sagt Robert. „Es läuft alles nach Plan." Lediglich bei der Erstellung der Team-Homepage gab es für die Gruppe einen kleinen Tiefpunkt, da sie diese nach Vorgaben des Planspiels gestalten mussten und – als begeisterte Informatiker – nicht individuell erstellen durften.

Mit Disziplin, Motivation und ihrem Willen, vielleicht etwas zu bewegen, so rechnen sie, können sie es schaffen weit zu kommen. „Wir haben im Bereich Musik Expertenstatus und identifizieren uns mit dem ‚BHK ScoreCue', denn wir als Musiker würden es kaufen", betonen alle drei. Auch die Tatsache, dass sie durch Umfragen, unter anderem bei Musikern und Professoren bereits eine positive Resonanz bezüglich ihres Projektes erhalten haben, stärkt das Vertrauen in ihre Idee.

Mal schauen, was die Zukunft bringen wird. Bezüglich ihrer zukünftigen Berufe sind Tobias, David und Robert sich noch nicht sicher. Vielleicht treten diese Jungs in die Fußstapfen von Top-Managern in der Musikbranche. Eins ist für sie auf jeden Fall klar, Musik ist und soll für sie ein Hobby bleiben, denn Musik befreit.

(Bildunterschrift: Erfinden für den Schüler-Gründerpreis ein digitales Notenpult: Robert Meyer (v. l.), David Muschiol und Tobias Burgholz vom Pius-Gymnasium. Foto: Andreas Schmitter)

Armin Gatz

7. Juni 2010
Nachrichtenmeldung WDR.de
und Radio WDR 2, Studio Aachen

Aachen: Sieg bei Deutschem Gründerpreis für Abiturienten

Drei Aachener Abiturienten sind beim Deutschen Gründerpreis für Schüler im Rheinland auf den ersten Platz gekommen. Auch bundesweit sind die Schüler des Pius-Gymnasiums mit ihrem Konzept für ein digitales Notenpult unter den ersten 10. (Die genaue Platzierung wird in zwei Wochen in Hamburg bekanntgegeben.) Der Deutsche Gründerpreis für Schüler ist eine Initiative von verschiedenen Wirtschaftsunternehmen und gilt mit 1100 Einsendungen als bundesweit größtes Existenzgründer-Planspiel.

8. Juni 2010
Pressemitteilung Sparkasse Aachen

Siegerehrung des Deutschen Gründerpreises für Schüler in der Städte-Region Aachen – Schülerteam „BHK" mit digitalem Notenpult erstklassig

Überwältigender Erfolg beim Deutschen Gründerpreis für Schüler – bei Deutschlands größtem Existenzgründer-Planspiel, einer Initiative von stern, Sparkassen, ZDF und Porsche, stehen die Sieger fest. Auf der lokalen Siegerehrung im Hause der Sparkasse Aachen durften am 9. Juni 2010 die drei erstplatzierten Teams ihre Preise entgegennehmen.

Wie auch im vergangenen Jahr konnte sich wieder eine Gruppe Nachwuchsgründer des Pius-Gymnasiums in Aachen durchsetzen. Vier Monate lang tüftelten Tobias Burgholz, David Muschiol und Robert Meyer vom Team „BHK" an ihrem Geschäftskonzept und lernten dabei spielerisch die Welt der Wirtschaft kennen. Die drei Abiturienten – selbst begeisterte Hobby-Musiker – entwickelten eine Geschäftsstrategie für ein digitales Notenpult, den BHK ScoreCue, und überzeugten damit am Ende der Spielrunde die Jury mit einer cleveren und alltagstauglichen Idee. Unterstützt wurden Sie dabei von ihrem Lehrer und Coach Herrn Ralf Hillemacher, sowie ihrem Unternehmerpaten Herrn Dr. Ralf Hillemacher (eine zufällige, aber gelungene Namensgleichheit) von der Hillemacher Consulting.

Die überzeugende Qualität in der Bearbeitung der Aufgaben und das außerordentliche Engagement blieben folglich nicht unbelohnt. Neben Platz 1 in der regionalen Wertung bei der Sparkasse Aachen, sprang für das Schülerteam auch der erste Platz unter 222 teilnehmenden Teams im Gebiet des Rheinischen Sparkassen- und Giroverbandes heraus. Auf der Verbandssiegerehrung am 15. Juni 2010 in Düsseldorf darf dieses Team also wieder ganz oben aufs Treppchen. Und damit nicht genug, um den Erfolg noch zu krönen, schaffte „BHK" bei einer Konkurrenz von 1031 Teams auch den Sprung unter die Top Ten in ganz Deutschland und darf sich nun auf die Siegerehrung am 22. Juni 2010 in Hamburg freuen, auf der auch das Geheimnis um die Platzierung gelüftet wird.

Wie schon in den vergangenen Jahren konnte die Sparkasse Aachen wieder ein – diesmal zwar kleines, aber qualitativ hochwertiges – Teilnehmerfeld melden. „Durch ihr Engagement beim Deutschen Gründerpreis für Schüler fördern die Sparkassen aktiv die Unternehmer von morgen. Wir freuen uns, dass wir wieder dabei sein durften und sind begeistert von den herausragenden Ergebnissen, die die Schüler neben ihrem Schulalltag, neben Abiturarbeiten und Abschlussklausuren erzielt haben!", so Svenja Kirchhoff, Spielbetreuerin im Schulservice der Sparkasse Aachen.

Jedes Teammitglied übernimmt beim Deutschen Gründerpreis für Schüler einen eigenen Verantwortungsbereich – selbstständiges Denken und Handeln werden so gefördert. Die Schüler stärken ihre Team- und Führungsqualitäten und beweisen über mehrere Monate ihre Fähigkeit, komplexe Fragestellungen mit Engagement und Kreativität zu lösen. Auf diese Weise sammeln sie Erfahrungen, die eine frühzeitige berufliche Orientierung und Qualifikation ermöglichen. Außerdem knüpfen sie erste Kontakte zu echten Unternehmern. Unterstützt werden sie dabei von Lehrern, Coaches und Unternehmerpaten.

Herr Norbert Laufs, stellvertretender Vorstandsvorsitzender der Sparkasse Aachen, lobte in seiner Begrüßungsrede im Rahmen der lokalen Siegerehrung vor allem die Kreativität, die Eigeninitiative und das Durchhaltevermögen der jungen Existenzgründer: „Wir dürfen stolz sein auf diese Schüler, die über das übliche Maß hinaus Engagement zeigen. Damit haben sie sich nicht nur ihre Preise verdient, sondern haben ganz wichtige

Erfahrungen für ihre Zukunft – und zwar nicht nur für die berufliche – gesammelt."

Anschließend überreichte er den siegreichen Teams ihre Preise. Das Siegerteam „BHK" konnte sich dabei über ein Preisgeld von 500 Euro freuen.

Das Motto „Einkaufen leichtgemacht" bescherte dem Team „JAMILLY cooperation" vom Berufskolleg Herzogenrath den zweiten Platz und damit ein Preisgeld von 300 Euro. Der Leitgedanke von Jana Bürsgens, Michael Gross und Lilly Hartmann war hier ein Scanner, der als digitaler Einkaufswagen fungiert und so sowohl dem Kunden, als auch dem Unternehmen die Geschäftsabwicklung erleichtern soll. Begleitet wurde das Team von ihrem Coach und Lehrer Herrn Frank Kraehmer und dem Unternehmerpaten Herrn Andreas Köhn von der Dachser GmbH & Co. KG.

Ein neuartiger Kalorienscanner, der unter anderem z. B. in ein Handy integriert werden kann, brachte dem Team „weight up" vom Kaiser-Karls-Gymnasium Aachen Platz 3 ein und damit ein Preisgeld von 200 Euro. Für dieses Team gingen Angeliki Sembritzki, Jan Müller, Paul Seeliger, Dominic Gohla und Abdullah Celik ins Rennen. Gecoacht wurde „weight up" von ihrem Lehrer Herrn Bernd Keuthen und als Unternehmerpatin stand ihnen Frau Maria Riga zur Seite.

Alle Teams und auch die Coaches und Paten wurden zudem noch mit attraktiven Sachpreisen für ihr Engagement belohnt.

Im Laufe der Preisübergabe präsentierte jedes Team noch einmal kurz seine Geschäftsidee.

Nach der Prämierung erhielten die drei Siegerteams in einer lockeren Feierrunde die Gelegenheit, sich über die Ideen und Erfahrungen, die sie während der Spielphase gesammelt hatten, untereinander auszutauschen. Interessante Gespräche unter anderem auch mit Fachleuten der Sparkasse, sowie Unternehmerpaten und Coaches der anderen Teams bildeten den Abschluss eines erfolgreichen und spannenden Wettbewerbes.

Die Sparkasse Aachen sah sich einmal mehr darin bestätigt, den „Deutschen Gründerpreis für Schüler" durchzuführen. Die neue Spielrunde beginnt im Januar 2011. Die Schulen in der Städteregion Aachen werden wieder rechtzeitig im Herbst dieses Jahres hierzu eingeladen.

Svenja Kirchhoff

14. Juni 2010
Artikel „Aachener Nachrichten"/ „Aachener Zeitung"

Digitales Notenpult zweimal auf Platz eins

Aachen. Ein Notenpult sorgt für Schlagzeilen: Tobias Burgholz, David Muschiol und Robert Meyer vom Team „BHK ScoreCue" haben mit ihrer Erfindung bereits zwei Etappen im Deutschen Schüler-Gründerpreis gewonnen. In der Städteregion Aachen und im Gebiet des rheinischen Sparkassen- und Giroverbandes belegen sie Platz eins. Auf Bundesebene ist das Team vom Pius-Gymnasium unter den Top Ten. Die Siegerehrung in Hamburg findet am Dienstag, 22. Juni, statt. Über den Erfolg der Gruppe freut sich Svenja Kirchhoff, Spielbetreuerin im Schulservice der Sparkasse Aachen: „Durch ihr Engagement beim Deutschen Gründerpreis für Schüler fördern die Sparkassen aktiv die Unternehmer von morgen. Wir sind begeistert von den Ergebnissen, die die Schüler neben Schulalltag, Abiturarbeiten und Abschlussklausuren erzielt haben!"

Armin Gatz

15. Juni 2010
Online-Artikel „Aachener Zeitung"

Digitales Notenpult erspart das Umblättern

Aachen. „Für mich stehen hier heute nur Gewinner." Mit diesen Worten begrüßt Norbert Laufs, stellvertretender Vorstandsvorsitzender der Sparkasse Aachen, die drei Gewinner des „Deutschen Gründerpreises für Schüler" 2010. „Alle drei Teams haben es in die Endrunde geschafft, wir sehen hier absolute Qualität."

Der „Deutsche Gründerpreis für Schüler" ist seit 1997 eine Initiative von „Stern", Sparkassen, ZDF und Porsche. Schüler haben die Möglichkeit, eine Unternehmensidee vorzustellen. Dadurch soll ein positives Gründungsklima in Deutschland gefördert und Mut zur Selbstständigkeit gemacht werden. Eine hochkarätige Jury bewertet zum Schluss die Ausarbeitungen. Unterstützung erhalten die Schüler von Coaches, Lehrern und Unternehmenspartnern.

Über einen 3. Platz mit 3050 Punkten und 200 Euro Preisgeld freute sich das Team „weight up" vom Kaiser-Karls-Gymnasium. Gemeinsam entwickelten sie einen neuartigen Kalorienzähler, der hilft, das Gewicht zu kontrollieren. Die Hauptzielgruppe sind die sportbegeisterten Menschen, da sie bekanntermaßen am meisten in ihre Ernährung investieren.

Unter dem Motto „Einkaufen leicht gemacht" erreichte das Team „Jamilly cooperation" vom Berufskolleg Herzogenrath den 2. Platz. Leitgedanke war die Modernisierung des traditionellen Vertriebssystems. Ihr „Future Market" soll sowohl eine höhere Kundenzufriedenheit garantieren, als auch einen bedienungsfreundlichen Umgang. Ein Scanner, der als digitaler Einkaufswagen fungiert, erleichtert den Unternehmen die Geschäftsabwicklungen. „Jamilly cooperation" wurde für Idee und Umsetzung mit 300 Euro und 3150 Punkten belohnt.

Wie 2009 konnte die Gruppe des Pius-Gymnasiums ihren Titel verteidigen. Die Nachwuchsgründer Tobias Burgholz, David Muschiol und Robert Meyer vom Team „BHK" entwickelten eine Geschäftsstrategie für ein digitales Notenpult, den „BHK ScoreCue", und überzeugten damit die Jury. Dieses digitale Notenpult soll Musik für das 21. Jahrhundert schaffen. Das Gerät mit Touchscreen ermöglicht bequemes Umblättern per Taste oder Pedal. Die Notensammlung ist auch immer dabei. Doch nicht nur für Musiker bietet sich die Anschaffung an, auch für Architekten kann sich die Investition lohnen.

Mit diesem Konzept erreichen sie nicht nur in der Städteregion Aachen und im Gebiet des Rheinischen Sparkassen- und Giroverbandes Platz 1. Auch unter den bundesweit mehr als 1031 Teams ist BHK ein Platz unter den Top 10 gesichert. Die genaue Platzierung und die endgültige Punktezahl werden erst bei der Bundessiegerehrung am 22. Juni in Hamburg bekannt gegeben. Doch über die Prämie von 500 Euro freute sich das Team schon jetzt. Jetzt fiebert die Truppe dem Finale in Hamburg entgegen.

Svenja Pesch

15. Juni 2010
Pressemitteilung Rheinischer Sparkassen- und Giroverband

Vom iPad inspiriert

Bei der regionalen Preisverleihung des von Sparkassen, stern, ZDF und Porsche unterstützten Schülerwettbewerbs des Deutschen Gründerpreises wurde heute in Düsseldorf eine breite Palette neuer Produktideen prämiert. Das Gewinnerteam „BHK" aus Aachen ist auch unter den zehn besten bundesweit. Die genaue Platzierung wird bei der Siegerehrung am 22. Juni 2010 in Hamburg bekannt gegeben.

Die Sparkassen engagieren sich seit Bestehen des Wettbewerbs für den Deutschen Gründerpreis. „Gerade die Betreuung der Schüler und die Auszeichnung ihrer besten Ideen ist uns sehr wichtig. Wir verstehen das als eine Investition in die Zukunft. Innovatives und unternehmerisches Denken von jungen Menschen muss gefördert werden", sagte Ralf Fleischer vom Rheinischen Sparkassen- und Giroverband.

Bei der diesjährigen, bereits zum elften Mal stattfindenden Preisverleihung des rheinischen Wettbewerbs des Deutschen Gründerpreises für Schüler belegte die Schülergruppe „BHK" vom Bischöflichen Pius-Gymnasium in Aachen den ersten Platz. Im Forum des Finanzkaufhauses der Stadtsparkasse Düsseldorf erhielten sie ein Preisgeld in Höhe von 1750 Euro. Ihre ausgezeichnete Gründeridee: Das Team entwickelte ein digitales Notenpult, genannt „BHK ScoreCue". Das Gerät, das wie ein iPad aussieht, soll Musikern das Arbeitsleben leichter machen. Das Mitschleppen von dicken Notenmappen entfällt – lästiges Umblättern der Notenblätter auch.

Den zweiten Platz belegte das Team „Techsound" vom Röntgen-Gymnasium in Remscheid. Auch sie haben einen elektronischen Notenständer – den „Technote" erfunden, der dank Display und Touchscreen herkömmliche Notenständer revolutioniert. Dafür bekamen sie 1500 Euro Preisgeld überreicht. Musik und das Arbeiten mit Musik beschäftigt die jungen Menschen, das zeigten die mit Platz eins und zwei prämierten Konzepte des Wettbewerbs.

Platz drei des Planspiels und 1250 Euro erkämpften sich Schüler vom Silberberg-Gymnasium in Bedburg. Dank ihres „Multi-TV" kann man vielleicht Fernsehen schon bald neu erleben. Das Team will einen Helm entwickeln, der mit Gaskartuschen ausgestattet ist, die verschiedene Duftstoffe beinhalten. Diese werden dann zu dem Geruch zusammen gemischt, der gerade zum Fernsehbild passt.

Die Plätze vier bis zehn erhielten aus den Händen von Ralf Fleischer, Geschäftsführer des Rheinischen Sparkassen- und Giroverbandes, je einen Scheck über 800 Euro. Die Bewertung der Beiträge erfolgt durch eine Fachjury. Insgesamt haben in diesem Jahr auf Bundesebene über 1100 Teams, davon 72 aus dem Rheinland teilgenommen. Über 10.000 Euro wurden an die zehn prämierten Schülerteams aus dem Rheinland vergeben.

Die zehn besten Teams bundesweit werden zur Bundessiegerehrung am 22. Juni 2010 nach Hamburg ins Verlagshaus von Gruner + Jahr eingeladen und erhalten Geldpreise in Höhe von insgesamt 6000 Euro. Auf die fünf besten Teams wartet darüber hinaus im September 2010 Future Camp, ein dreitägiges, speziell für die Schüler entwickeltes Persönlichkeits- und Managementtraining mit Workshops und Outdoor-Aktionen, bei denen die Kenntnisse und Erfahrungen der Spielphase vertieft werden.

16. Juni 2010
Artikel „Aachener Nachrichten"

Mit dem digitalen Notenpult auf den ersten Platz

Deutscher Gründerpreis für Schüler: Abiturienten vom Pius-Gymnasium überzeugt. Kreativität und Teamgeist waren gefordert. Finale am 22. Juni in Hamburg.

Aachen. Vielleicht hat es den ein oder anderen Musiker schon häufiger gestört: das nervige Umblättern der Noten beim Konzert. Um das Musizieren zu erleichtern, haben Tobias Burgholz, David Muschiol und Robert Meyer das praktische Konzept eines digitalen Notenpults, den „BHK ScoreCue", ein handliches Gerät mit Touchscreen, entwickelt. Das Bemerkenswerte daran: Burgholz, Muschiol und Meyer sind gar keine „richtigen Unternehmer", sondern Abiturienten. Und genau deshalb haben sie mit ihrer Idee beim Gründerpreis für Schüler in der Städteregion Aachen den ersten Platz gemacht. Geehrt wurden sie dafür nun von der Sparkasse Aachen.

Das Ziel des Existenzgründer-Planspiels: Schüler sollen die Welt der Wirtschaft spielerisch kennenlernen und mit ihren Lehrern und Unternehmerpaten eigene Geschäftsideen entwickeln. Hierbei können sie nicht nur Kreativität und Teamgeist unter Beweis stellen, sondern gleichzeitig Kontakte zu echten Unternehmen knüpfen und Erfahrungen für ihr Studium oder ihren Beruf sammeln.

Souveränes Auftreten

„Tobi und ich sind Hobby-Musiker und hatten schon länger die Idee des digitalen Notenpults", erklärte David Muschiol. Mit dem „ScoreCue" könnten sich Hobby-Musiker schnell und günstig eine eigene Notensammlung aufbauen. Die drei Nachwuchsgründer vom Pius-Gymnasium überzeugten bei ihrer Präsentation nicht nur mit einem cleveren Konzept, sondern auch durch souveränes Auftreten.

Die Vermarktung ihrer Idee haben die drei professionell durchgeplant – von der eigenen Internetseite bis zu den selbst verfassten Pressemitteilungen. Dabei standen ihnen ihr Lehrer Ralf Hillemacher als Coach und (sein zufälliger Namensvetter) Dr. Ralf Hillemacher von der Hillemacher Consulting als Unternehmerpate hilfreich zur Seite.

Auch die Zweit- und Drittplatzierten begeisterten mit ihren kreativen Ideen. Jana Bürsgens, Michael Gross und Lilly Hartmann vom Berufskolleg Herzogenrath haben das Konzept eines digitalen Einkaufswagens entwickelt. „Wer nach dem Urlaub nach Hause kommt, braucht nicht mehr in einen leeren Kühlschrank zu schauen, sondern kann die Bestellung im Vorhinein aufgeben und bekommt sie nach Hause geliefert", erklärte Michael Gross das neuartige Vertriebssystem, für das sein Team (rein fiktiv natürlich) als Unternehmensberatung tätig ist.

Mit dem Konzept eines Scanners, der Kalorien zählen kann, haben es Angeliki Sembritzki, Jan Müller, Paul Seeliger, Dominic Gohla und Abdullah Celik vom Kaiser-Karls-Gymnasium auf den dritten Platz geschafft. Bei der Entwicklung der Geschäftsidee hat das Team „Weight up" vor allem gelernt, dass eine Zielgruppe „das A und O" ist, und so entschied es sich dafür, mit dem Scanner fitnessorientierte Personen ansprechen zu wollen. Für das Siegerteam war die Ehrung in Aachen nicht die Endstation. Burgholz, Muschiol und Meyer haben auch im Rheinischen Sparkassen- und Giroverband den ersten Platz belegt. Unter insgesamt 1031 Teams gehören sie sogar zu Deutschlands „Top Ten".

Lieber Musiker werden

Welche Platzierung sie genau belegt haben? Dieses Geheimnis wird erst bei der finalen Siegerehrung am 22. Juni in Hamburg gelüftet. Die drei jungen Männer bleiben trotzdem auf dem Teppich. Sie würden lieber Musiker werden als nach dem Abi in die Wirtschaft einzusteigen. „Sich für eine Sache aufzuraffen und zu engagieren und dafür belohnt zu werden, das war ein großer Lerneffekt", resümiert David Muschiol. Dass die drei trotz Abiturvorbereitungen ihre Geschäftsidee weiterentwickeln konnten, führen sie vor allem darauf zurück, dass sie ein gutes Team sind. „Wir sind schon lange befreundet, wissen, wo jeder seine Stärken hat und konnten uns die Aufgaben gut aufteilen", erklärte Tobias Burgholz das Erfolgsrezept seines Teams „BHK".

Kategorien und Ablauf des Gründerpreises

Der Deutsche Gründerpreis ist eine Auszeichnung für herausragende Unternehmer. Er wird jährlich in den Kategorien Schüler, StartUp, Aufsteiger und Lebenswerk verliehen. Partner sind Sparkassen, ZDF, „Stern" und Porsche. Der Deutsche Gründerpreis für Schüler arbeitet zudem mit Kultusministerien und Bildungsinitiativen zusammen.

Seit Beginn des Spiels im Jahr 1999 haben über 35.000 Schüler teilgenommen. Die neue Spielrunde beginnt im Januar 2011. Die Schulen in der Städteregion werden im Herbst angeschrieben.

Infos im Internet unter *www.deutscher-gruenderpreis.de/schueler*.

Infos zum Gewinnerteam „BHK" unter *http://misc.david-muschiol.de/dgps2010/*.

(Bildunterschrift: Deutscher Gründerpreis für Schüler: Die Teams vom Pius-Gymnasium, vom Berufskolleg Herzogenrath und vom Kaiser-Karls-Gymnasium setzten sich mit ihren Geschäftsideen durch. Foto: Martin Ratajczak)

Sarah Silius

5. Juli 2010
Artikel „Aachener Nachrichten"/
„Aachener Zeitung"

Junges Team aus Aachen unter Deutschlands Besten

Beim Schüler-Gründerpreis schaffen es Tobias Burgholz, David Muschiol und Robert Meyer bis zur Siegerehrung nach Hamburg

Aachen. „Es war eine große Überraschung. Wir haben uns riesig gefreut", so lautete die Reaktion von Tobias Burgholz (19), Robert Meyer (19) und David Muschiol (18), als sie erfuhren, dass sie im Wettbewerb des Schüler-Gründerpreises unter den „TOP 10" von 1126 Teams aus ganz Deutschland sind.

Die Geschäftsidee der drei Aachener Pius-Abiturienten – ein digitales Notenpult namens „BHK ScoreCue", das man sich ähnlich wie einen „iPad" vorstellen kann, – ist bei der Jury sehr gut angekommen. Letztlich erreichten sie damit bundesweit den vierten Platz.

Das Team „BHK" hatte bereits in der Städteregion Aachen und im Sparkassen- und Giroverband Rheinland den ersten Platz erreicht und ein Preisgeld von 2250 Euro gewonnen. Doch nicht nur das gehörte zum Preis. Ihre Betreuerin, Svenja Kirchhoff vom Schul-Service der Sparkasse Aachen, organisierte eine weiße Stretch-Limousine für die Fahrt zur Preisverleihung nach Düsseldorf. „Statt des angekündigten Sparkassen-Minis wartete eine Limousine mit eisgekühltem Champagner auf uns. Das war eine gelungene Überraschung", so Tobias Burgholz.

In Hamburg, beim Finale des Wettbewerbs, erhielten die drei Jungs ein weiteres Preisgeld von 600 Euro, und sie gewannen ein Stipendium für einen mehrtägigen Aufenthalt im „Future Camp", einem Camp zum Personalcoaching in Berlin.

Trotz des Erfolges sind sich die Jungs treu geblieben. Sie haben nicht wegen des Geldes am Wettbewerb teilgenommen, sondern hauptsächlich aus Interesse und Spaß. „Wir hatten nichts zu verlieren, also haben wir uns angemeldet und waren plötzlich mittendrin", sagt David Muschiol. Nun sind sie stolz darauf, so weit gekommen zu sein.

Als Unternehmer der Zukunft sehen sich die drei aber keinesfalls. Tobias möchte Maschinenbau studieren und Robert Medizin. Lediglich David ist der Wirtschaft nicht mehr so stark abgeneigt wie vor dem Wettbewerb.

(Bildunterschrift: Unter den zehn Besten: David Muschiol (v. l.), Tobias Burgholz und Robert Meyer haben als Team „BHK" den vierten Platz beim Wettbewerb Deutscher Schüler-Gründerpreis gemacht. Foto: Sparkasse Aachen)

Armin Gatz

Eine Frage an ... Norbert Laufs, *stellv. Vorstandsvorsitzender der Sparkasse Aachen*

Wie bewerten Sie den Erfolg des Aachener Teams?

Norbert Laufs: Ich beglückwünsche das Team BHK herzlich zum ersten Platz im Rheinland und dem hervorragenden vierten Platz unter mehr als 1100 Teams in Deutschland! Diese Leistung ist besonders hoch zu bewerten, denn die drei jungen Leute waren bereit, neben ihren Abiturvorbereitungen viel Zeit in die Gründung ihres fiktiven Unternehmens zu investieren. Sie haben über das übliche Maß hinaus Engagement gezeigt. Darauf sind auch wir stolz.

9. Juli 2010
Pressemitteilung Sparkasse Aachen

Schülerteam „BHK" des Pius-Gymnasiums mit digitalem Notenpult erstklassig

Strahlende Sieger beim Deutschen Gründerpreis für Schüler – bei Deutschlands größtem Existenzgründer-Planspiel, einer Initiative von stern, Sparkassen, ZDF und Porsche, konnte sich wieder eine Gruppe Nachwuchsgründer des Pius-Gymnasiums in Aachen durchsetzen. Vier Monate lang tüftelten Tobias Burgholz, David Muschiol und Robert Meyer vom Team „BHK" an ihrem Geschäftskonzept und lernten dabei spielerisch die Welt der Wirtschaft kennen. Die drei Abiturienten – selbst begeisterte Hobby-Musiker – entwickelten eine Geschäftsstrategie für ein digitales Notenpult, den BHK ScoreCue, und überzeugten damit am Ende der Spielrunde die Jury mit einer cleveren und alltagstauglichen Idee.

Jedes Teammitglied übernimmt beim Deutschen Gründerpreis für Schüler einen eigenen Verantwortungsbereich – selbstständiges Denken und Handeln werden so gefördert. Die Schüler stärken ihre Team- und Führungsqualitäten und beweisen über mehrere Monate ihre Fähigkeit, komplexe Fragestellungen mit Engagement und Kreativität zu lösen. Auf diese Weise sammeln sie Erfahrungen, die eine frühzeitige berufliche Orientierung und Qualifikation ermöglichen. Außerdem knüpfen sie erste Kontakte zu echten Unternehmern. Unterstützt wurden sie dabei von Lehrern, Coaches und Unternehmerpaten.

Herr Norbert Laufs, Vorstandsmitglied der Sparkasse Aachen, lobte in seiner Begrüßungsrede im Rahmen der lokalen Siegerehrung vor allem die Kreativität, die Eigeninitiative und das Durchhaltevermögen der jungen Existenzgründer.

Anschließend überreichte er den siegreichen Teams ihre Preise. Das Siegerteam „BHK" konnte sich dabei über ein Preisgeld von 500,00 Euro freuen. Neben Platz 1 in der lokalen Wertung der Sparkasse Aachen, sprang für das Siegerteam auch der erste Platz unter 222 teilnehmenden Teams im Gebiet des Rheinischen Sparkassen- und Giroverbandes heraus. Auf der Verbandssiegerehrung am 15. Juni 2010 in Düsseldorf durfte dieses Team also auch wieder ganz oben aufs Treppchen. Und damit nicht genug, um den Erfolg noch zu krönen, schaffte „BHK" bei einer Konkurrenz von 1126 Teams auch den Sprung unter die Top Ten in ganz Deutschland! Die bis dato geheime Platzierung wurde auf der Bundessiegerehrung am 22. Juni 2010 in Hamburg gelüftet. Die Spannung erreichte im Rahmen der feierlichen Veranstaltung ihren Höhepunkt und schließlich konnte das Team einen hervorragenden 4. Platz bejubeln. Dieses Highlight bildete den Abschluss der diesjährigen Runde des Deutschen Gründerpreises für Schüler.

Den zweiten Platz und damit ein Preisgeld von 300,00 Euro sicherte sich das Team „JAMILLY cooperation" vom Berufskolleg Herzogenrath. Der Leitgedanke von Jana Bürsgens, Michael Gross und Lilly Hartmann war ein Scanner, der als digitaler Einkaufswagen fungiert und so sowohl dem Kunden, als auch dem Unternehmer die Geschäftsabwicklung erleichtern soll.

Ein neuartiger Kalorienscanner, der u. a. zum Beispiel in ein Handy integriert werden kann, brachte dem Team „weight up" vom Kaiser-Karls-

Gymnasium in Aachen Platz 3 und damit ein Preisgeld von 200,00 Euro ein.

Alle Teams und auch die Coaches und Paten wurden zudem noch mit attraktiven Sachpreisen für ihr Engagement belohnt.

Die Sparkasse Aachen sah sich einmal mehr darin bestätigt, den „Deutschen Gründerpreis für Schüler" durchzuführen. Die neue Spielrunde beginnt im Januar 2011. Die Schulen in Stadt und Kreis Aachen werden wieder rechtzeitig dazu eingeladen.

Svenja Kirchhoff

Jahresschrift Bischöfliches Pius-Gymnasium Aachen 2009/10

PIUS PREISGEKRÖNT

Mit digitalem Notenpult dem „Blättersalat" entgegen
Schüler des Pius Gymnasiums erreichten bundesweit den 4. Platz beim Deutschen Schüler-Gründerpreis 2010

„Musik befreit", so lautete der Slogan der Gruppe „BHK", die am Deutschen Schüler-Gründerpreis 2010 teilnahm. Tobias Burgholz (19 Jahre), Robert Meyer (19 Jahre) und David Muschol (18 Jahre), alle drei Schüler des Bischöflichen Pius-Gymnasiums in Aachen, haben die Geschäftsidee eines digitalen Notenpults entwickelt – den „BHK ScoreCue". Diesen kann man sich ähnlich wie einen „Ipad" mit einem viel größeren Bildschirm vorstellen. Doch wie kommt man auf den Namen „BHK ScoreCue"? „Es klingt gut", so war die einstimmige Antwort der drei Hobby-Musiker.

Nicht nur als Hobby-Musiker, auch als Schüler erschien ihnen ein digitales Notenpult plausibel, da dieses das Problem von überfüllten Regalen, in denen man nicht mehr die richtigen Noten finden kann, lösen könnte. Der Jugend-Gründerpreis bot hierbei die Möglichkeit dieser Idee einen kleinen Schritt näher zu kommen und sie waren sehr erfolgreich.

„Es war eine große Überraschung und wir haben uns riesig gefreut", so lautete die Reaktion von „BHK" als sie den Anruf erhielten, dass sie im Wettbewerb des Deutschen Jugend-Gründerpreises 2010 von insgesamt 1126 Teams aus ganz Deutschland unter den „TOP 10" waren. Die Geschäftsidee der drei Aachen

---

„Aachener Zeitung", 1. März 2010

Schüler stürmen mit Ideen den Markt

Gründerpreis: Auch beim diesjährigen Auftakt des **Bundeswettbewerbs** sind innovative Konzepte für fiktive Firmen gefragt

VON LARS ODENKIRCHEN

Aachen. Es ist der ganz alltägliche Wahnsinn im Supermarkt: Die Gänge sind verstopft mit Einkaufswagen, an der Kasse stauen sich die Schlangen, und am Ende muss man hetzen, um die gekauften Waren irgendwie in den Wagen zu legen. Damit soll jetzt Schluss sein, denn die „Jamilly cooperation" aus Herzogenrath hat ein neues Konzept entwickelt, um Einkaufen moderner, komfortabler und schneller zu gestalten.

Keine echte Firma

Auf den Markt bringen wird das Unternehmen die Idee so schnell allerdings nicht, denn „Jamilly" ist keine „echte" Firma, sondern ein Team von drei Schülern des Herzogenrather Berufskollegs, das am „deutschen Gründerpreis für Schüler" teilnimmt. Der Gründerpreis ist ein Wettbewerb, bei dem Schülerinnen und Schüler fiktive Unternehmen gründen und innovative Geschäftskonzepte entwickeln müssen. Die Teams müssen sich dabei Aufgaben stellen, die auch echte Existenzgründer erwarten. Das Teilnehmerfeld beim diesjährigen Gründerpreis ist allerdings in der Städteregion übersichtlich: Vier Teams – neben den Herzogenrathern noch drei aus der Stadt Aachen – konkurrieren miteinander. Bei der Auftaktveranstaltung in den Räumen der Sparkasse Aachen mussten die Schülerinnen und Schüler nun ihre Konzepte vorstellen. Dabei präsentierten Jamilly, „BHK" vom Pius-Gymnasium sowie „Weight up" vom Kaiser-Karls-Gymnasium ihre Ideen. „BHK" möchte Musikern das Leben erleichtern: Statt Notenheften sollen Hobby- wie Berufsmusiker in Zukunft ihre Noten von einem handlichen Gerät

mit Touchscreen ablesen können. Das erleichtert das Umblättern und soll dank der digitalen Vertriebs der Noten Kosten sparen.

Ein handliches Gerät möchte auch „Weight up" anbieten. Ein Scanner soll die gesunde Ernährung erleichtern, in dem er Informationen über Nährwerte, Zucker- oder Fettgehalt liefert. Die Software merkt sich außerdem

den Tageskonsum der Familie und kann so verraten, ob es abends zum Film eine Chipstüte sein darf oder ob man sich doch besser auf den Apfel beschränkt.

Das Einkaufen radikal verändern will hingegen „Jamilly": Statt Einkaufswagen wollen die Herzogenrather im Supermarkt der Zukunft Scanner einsetzen, mit denen man durch den Laden läuft.

Damit geht es anschließend zur Kasse, die gekauften Waren erhält man dann am Automaten frisch aus dem Lager. Als viertes Team ist die „ITA GmbH" des Aachener Berufskollegs für Gestaltung und Technik am Start, das aber verhindert war und sein Konzept nicht vorstellen konnte.

Eines ist allen vier Teams gemein: Das große Ziel ist Berlin.

Denn nach der Siegerehrung in Aachen am 9. Juni steht auch noch der bundesweite Vergleich an. Das beste Team darf dann schließlich nach Berlin und dort beim „Gründerpreis" einmal vorfühlen, wie es sich bei „richtigen" Unternehmern so anfühlt.

Frische Ideen für fiktive Firmen: Drei der vier Schülerteams aus der Städteregion, die am Gründerpreis teilnehmen, stellten bei der Sparkasse ihre unternehmerischen Konzepte vor.
Foto: Andreas Schmitter

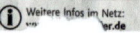
ⓘ Weitere Infos im Netz:
...er.de

Junges Team aus Aachen unter Deutschlands Besten

Beim Schüler-Gründerpreis schaffen es Tobias Burgholz, David Muschiol und Robert Meyer bis zur Siegerehrung nach Hamburg

VON ARMIN GATZ

Aachen. „Es war eine große Überraschung. Wir haben uns riesig gefreut", so lautete die Reaktion von Tobias Burgholz (19), Robert Meyer (19) und David Muschiol (18), als sie erfuhren, dass sie im Wettbewerb des Schüler-Gründerpreises unter den „TOP 10" von 1126 Teams aus ganz Deutschland sind.

Die Geschäftsidee der drei Aachener Pius-Abiturienten – ein digitals Notenpult namens „BHK ScoreCue", das man sich ähnlich wie einen „iPad" vorstellen kann, – ist bei der Jury sehr gut angekommen. Letztlich erreichten sie damit bundesweit den vierten Platz.

Das Team „BHK" hatte bereits in der Städteregion Aachen und im Sparkassen- und Giroverband Rheinland den ersten Platz erreicht und ein Preisgeld von 2250 Euro gewonnen. Doch nicht nur das gehörte zum Preis. Ihre Betreu-

Unter den zehn Besten: David Muschiol (v. l.), Tobias Burgholz und Robert Meyer haben als Team „BHK" den vierten Platz beim Wettbewerb Deutscher Schüler-Gründerpreis gemacht. Foto: Sparkasse Aachen

erin, Svenja Kirchhoff vom Schul-Service der Sparkasse Aachen, organisierte eine weiße Stretch-Limousine für die Fahrt zur Preisver-

leihung nach Düsseldorf. „Statt des angekündigten Sparkassen-Minis wartete eine Limousine mit eisgekühltem Champagner auf

uns. Das war eine gelungene Überraschung", so Tobias Burgholz.

In Hamburg, beim Finale des Wettbewerbs, erhielten die drei Jungs ein weiteres Preisgeld von 600 Euro, und sie gewannen ein Stipendium für einen mehrtägigen Aufenthalt im „Future Camp", einem Camp zum Personalcoaching in Berlin.

Trotz des Erfolges sind die Jungs treu geblieben. Sie haben nicht wegen des Geldes am Wettbewerb teilgenommen, sondern hauptsächlich aus Interesse und Spaß. „Wir hatten nichts zu verlieren, also haben wir uns angemeldet und waren plötzlich mittendrin", sagt David Muschiol. Nun sind sie stolz darauf, so weit gekommen zu sein.

Als Unternehmer der Zukunft sehen sich die drei aber keinesfalls. Tobias möchte Maschinenbau studieren und Robert Medizin. Lediglich David ist der Wirtschaft nicht mehr so stark abgeneigt wie vor dem Wettbewerb.

EINE FRAGE AN...

▶ NORBERT LAUFS
stellv. Vorstands-vorsitzender der Sparkasse Aachen

Wie bewerten Sie den Erfolg des Aachener Teams?
Norbert Laufs: Ich beglückwünsche das Team BHK herzlich zum ersten Platz im Rheinland und dem hervorragenden vierten Platz unter mehr als 1100 Teams in Deutschland! Diese Leistung ist besonders hoch zu bewerten, denn die drei jungen Leute waren bereit, neben ihren Abiturvorbereitungen viel Zeit in die Gründung ihres fiktiven Unternehmens zu investieren. Sie haben über das übliche Maß hinaus Engagement gezeigt. Darauf sind auch wir stolz.

„Aachener Nachrichten", 5. Juli 2010

„Aachener Zeitung", 26. April 2010

DAS THEMA: DEUTSCHER SCHÜLER-GRÜNDERPREIS 2010

Nie mehr Chaos am Notenpult

Das Team **„BHK ScoreCue"** vom Pius-Gymnasium macht aus seinem Hobby Musik eine Geschäftsidee, die im Wettbewerb heranreift.

VON ARMIN GATZ

Aachen. „Musik befreit", so lautet der Slogan der Gruppe „BHK", die am Deutschen Schüler-Gründerpreis 2010 teilnimmt. Tobias Burgholz, Robert Meyer (beide 19 Jahre) und David Muschiol (18), alle drei Schüler des Bischöflichen Pius-Gymnasiums in Aachen, haben die Geschäftsidee eines digitalen Notenpults entwickelt – den „BHK ScoreCue". Diesen kann man sich ähnlich wie ein „I-pad" mit einem viel größeren Bildschirm vorstellen. „Der BHK ScoreCue ist kein Alleskönner, sondern ein praxistauglicher, auf den Kunden abgestimmter Tablet-PC mit Mehrwert", so Tobias.

Doch wie kommt man auf den Namen „BHK ScoreCue"? „Es klingt gut!", so die einstimmige Antwort der drei Hobby-Musiker. Überhaupt hat das Projekt einen starken persönlichen Bezug, denn die drei machen schon seit vielen Jahren unter dem Teamkürzel BHK gemeinsam Projekte. Der Schüler-Gründerpreis ist vielleicht ihre erste Zusammenarbeit, da die drei kurz vor ihrem Abitur stehen.

Wer kennt nicht als Musiker das Problem von „Blättersalaten" und „Notenchaos"?

Auch als Schüler erschien ihnen ein digitales Notenpult plausibel, da dieses das Problem von überfüllten Regalen, in denen man

nicht mehr die richtigen Noten finden kann, lösen könnte.

Der Wettbewerb bietet ihnen die Möglichkeit, diese Idee einen kleinen Schritt greifbarer zu machen. Durch ihren Lehrer Ralf Hillemacher erfuhren sie vom Deutschen Schüler-Gründerpreis, und trotz des bevorstehenden Abiturs war die Entscheidung schnell gefallen, daran teilzunehmen.

Für David, Robert und Tobias stand im Mittelpunkt, dass dieser Wettbewerb eine Abwechslung zum gewohnten Schulstress darstelle und man ein Gefühl bekomme für die Arbeit und Abläufe in einer Firma. „Es macht sich auch ganz gut im Lebenslauf, an einem solchen Wettbewerb teilgenommen zu haben oder vielleicht sogar zu gewinnen. Man lernt auf jeden Fall fürs Leben", so David.

Insgesamt rechnet sich das Team gute Chancen aus. Optimistisch sehen sie ihre Innovation als eine Marktlücke, die noch gefüllt werden muss.

„Wir haben bis jetzt durchgehend eine harmonische Zusammenarbeit gehabt und wir ergänzen uns als Team sehr gut", sagt Robert. „Es läuft alles nach Plan. Lediglich bei der Erstellung der Team-Homepage gab es für die Gruppe einen kleinen Tiefpunkt, da sie diese nach Vorgaben des Planspiels gestalten mussten – als begeisterte Informatiker –

Erfinden für den Schüler-Gründerpreis ein digitales Notenpult: Robert Meyer (v. l.), David Muschiol und Tobias Burgholz vom Pius-Gymnasium. Foto: Andreas Schmitter

nicht individuell erstellen durften.

Mit Disziplin, Motivation und ihrem Willen, vielleicht etwas zu bewegen, so rechnen sie, können sie es schaffen weit zu kommen. „Wir haben im Bereich Musik Expertenstatus und identifizieren uns mit dem „BHK ScoreCue",

denn wir als Musiker würden es kaufen", betonen alle drei. Auch die Tatsache, dass sie durch Umfragen, unter anderem bei Musikern und Professoren bereits eine positive Resonanz bezüglich ihres Projektes erhalten haben, stärkt das Vertrauen in ihre Idee.

Mal schauen, was die Zukunft

bringen wird. Bezüglich ihrer zukünftigen Berufe sind Tobias, David und Robert sich noch nicht sicher. Vielleicht treten diese Jungs in die Fußstapfen von Top-Managern in der Musikbranche. Eins ist für sie auf jeden Fall klar, Musik ist und soll für sie ein Hobby bleiben, denn Musik befreit.

Mit dem digitalen Notenpult auf den ersten Platz

Deutscher Gründerpreis für Schüler: Abiturienten vom Pius-Gymnasium überzeugt. Kreativität und Teamgeist waren gefordert. Finale am 22. Juni in Hamburg.

VON SARAH SILIUS

Deutscher Gründerpreis für Schüler: Die Teams vom Pius-Gymnasium, vom Berufskolleg Herzogenrath und vom Kaiser-Karls-Gymnasium setzten sich mit ihren Geschäftsideen durch.　Foto: Martin Ratajczak

Aachen. Vielleicht hat es den ein oder anderen Musiker schon häufiger gestört: das nervige Umblättern der Noten beim Konzert. Um das Musizieren zu erleichtern, haben Tobias Burgholz, David Muschiol und Robert Meyer das praktische Konzept eines digitalen Notenpults, den „BHK ScoreCue", ein handliches Gerät mit Touchscreen, entwickelt.

Das Bemerkenswerte daran: Burgholz, Muschiol und Meyer sind gar keine „richtigen Unternehmer", sondern Abiturienten. Und genau deshalb haben sie mit ihrer Idee beim Gründerpreis für Schüler in der Städteregion Aachen den ersten Platz gemacht. Geehrt wurden sie dafür nun vor der Sparkasse Aachen.

Das Ziel des Existenzgründer-Planspiels: Schüler sollen die Welt der Wirtschaft spielerisch kennenlernen und mit ihren Lehrern und Unternehmerpaten eigene Geschäftsideen entwickeln. Hierbei können sie nicht nur Kreativität und Teamgeist unter Beweis stellen, sondern gleichzeitig Kontakte zu echten Unternehmern knüpfen und Erfahrungen für ihr Studium oder ihren Beruf sammeln.

Souveränes Auftreten

„Tobi und ich sind Hobby-Musiker und hatten schon länger die Idee des digitalen Notenpults", erklärte David Muschiol. Mit dem „Score Cue" könnten sich Hobby-Musiker schnell und günstig eine eigene Notensammlung aufbauen. Die drei Nachwuchsgründer vom Pius-Gymnasium überzeugten bei ihrer Präsentation nicht nur mit einem cleveren Konzept, sondern auch durch souveränes Auftreten.

Die Vermarktung ihrer Idee ha-

ben die drei professionell durchgeplant – von der eigenen Internetseite bis zu den selbst verfassten Pressemitteilungen. Dabei standen ihnen ihr Lehrer Ralf Hillemacher als Coach und (sein zufälliger Namensvetter) Dr. Ralf Hillemacher von der Hillemacher Consulting als Unternehmerpate hilfreich zur Seite.

Auch die Zweit- und Drittplatzierten begeisterten mit ihren kreativen Ideen. Jana Bürsgens, Michael Gross und Lilly Hartmann vom Berufskolleg Herzogenrath haben das Konzept eines digitalen Einkaufswagens entwickelt. „Wer nach dem Urlaub nach Hause kommt, braucht nicht mehr in einen leeren Kühlschrank zu schauen, sondern kann die Bestellung im Vorhi-

nein aufgeben und bekommt sie nach Hause geliefert", erklärte Michael Gross das neuartige Vertriebssystem, für das sein Team (rein fiktiv natürlich) als Unternehmensberatung tätig ist.

Mit dem Konzept eines Scanners, der Kalorien zählen kann, haben es Angeliki Sembritzki, Jan Müller, Paul Seeliger, Dominic Gohla und Abdullah Celik vom Kaiser-Karls-Gymnasium auf den dritten Platz geschafft. Bei der Entwicklung der Geschäftsidee hat das Team „Weight up" vor allem gelernt, dass eine Zielgruppe „das A und O" ist, und so entschied es sich dafür, mit dem Scanner fitnessorientierte Personen ansprechen zu wollen. Für das Siegerteam war die Ehrung in Aachen nicht

die Endstation. Burgholz, Muschiol und Meyer haben auch im rheinischen Sparkassen- und Giroverband den ersten Platz belegt. Unter insgesamt 1031 Teams gehören sie sogar zu Deutschlands „Top Ten".

Lieber Musiker werden

Welche Platzierung sie genau belegt haben? Dieses Geheimnis wird erst bei der finalen Siegerehrung am 22. Juni in Hamburg gelüftet. Die drei jungen Männer bleiben trotzdem auf dem Teppich. Sie würden lieber Musiker werden als nach dem Abi in die Wirtschaft einzusteigen. „Sich für eine Sache aufzuraffen und zu engagieren und dafür belohnt zu werden, das war ein großer

Lerneffekt", resümiert David Muschiol. Dass die drei trotz Abiturvorbereitungen ihre Geschäftsidee weiterentwickeln konnten, führen sie vor allem darauf zurück, dass sie ein gutes Team sind. „Wir sind schon laNge befreundet, wissen, wo jeder seine Stärken hat und konnten uns die Aufgaben gut aufteilen", erklärte Tobias Burgholz das Erfolgsrezept seines Teams „BHK".

Kategorien und Ablauf des Gründerpreises

Der Deutsche Gründerpreis ist eine Auszeichnung für herausragende Unternehmer. Er wird jährlich in den Kategorien Schüler, StartUp, Aufsteiger und Lebenswerk verliehen. Partner sind Sparkassen, ZDF, „Stern" und Porsche. Der Deutsche Gründerpreis für Schüler arbeitet zudem mit Kultusministerien und Bildungsinitiativen zusammen.

Seit Beginn des Spiels im Jahr 1999

haben über 35 000 Schüler teilgenommen. Die neue Spielrunde beginnt im Januar 2011. Die Schulen in der Städteregion werden im Herbst angeschrieben.

Infos im Internet unter www.deutscher-gruenderpreis.de/schueler.

Infos zum Gewinnerteam „BHK" unter http://misc.david-muschiol.de/dgps2010/.

„Aachener Nachrichten", 16. Juni 2010

„Aachener Nachrichten",
14. Juni 2010

Digitales Notenpult zweimal auf Platz eins

Aachen. Ein Notenpult sorgt für Schlagzeilen: Tobias Burgholz, David Muschiol und Robert Meyer vom Team „BHK ScoreCue" haben mit ihrer Erfindung bereits zwei Etappen im Deutschen Schüler-Gründerpreis gewonnen. In der Städteregion Aachen und im Gebiet des rheinischen Sparkassen- und Giroverbandes belegen sie Platz eins. Auf Bundesebene ist das Team vom Pius-Gymnasium unter den Top Ten. Die Siegerehrung in Hamburg findet am Dienstag, 22. Juni, statt. Über den Erfolg der Gruppe freut sich Svenja Kirchhoff, Spielbetreuerin im Schulservice der Sparkasse Aachen: „Durch ihr Engagement beim Deutschen Gründerpreis für Schüler fördern die Sparkassen aktiv die Unternehmer von morgen. Wir sind begeistert von den Ergebnissen, die die Schüler neben Schulalltag, Abiturarbeiten und Abschlussklausuren erzielt haben!"

„Stern", Nr. 27, 1. Juli 2010

4. Platz – BHK, Bischöfliches Pius-Gymnasium, Aachen, Nordrhein-Westfalen: Mit dem digitalen Notenpult entfällt das Umblättern der Seiten während eines Konzerts.

Nachwort

Liebes BHK-Team,

es war mir eine große Ehre und Freude, euch als Lehrer und Coach beim Deutschen Gründerpreis für Schüler betreuen und auf eurem langen Weg zum Ziel begleiten zu dürfen. In dieser Zeit habt ihr weit über die Möglichkeiten des Unterrichts hinaus praxisorientiertes Wirtschaftswissen in Form von Kenntnissen über Firmenstrukturen, Arbeitsweisen, Fachbegriffe etc. erlangen können und in hohem Maß Selbstständigkeit, Verantwortung und Kreativität unter Beweis stellen können. Die erfolgreiche Teilnahme beim Gründerpreis wird euch als bedeutende Qualifikation und Referenz für die berufliche Zukunft dienen.

Zu meiner Aufgabe als Betreuer gehörte es zunächst, euch zur Anmeldung beim Gründerpreis und dem damit verbundenen arbeitsintensiven Prozess zu motivieren – inmitten einer wichtigen Phase der Abiturvorbereitung. Doch euer Dreier-Team aus ehemaligen Schülern (m)einer Klasse war schnell gebildet und eine gelungene Geschäftsidee geboren – dank eurer gemeinsamen Begeisterung für die Musik. Im weiteren Verlauf des Wettbewerbs stand ich euch bei inhaltlichen Fragen oder organisatorischen Problemen gern zur Seite, doch aufgrund eurer fachlichen Kompetenz,

großen Eigeninitiative und vorbildlichen Teamkultur war meine Beratung und Moderation nur selten erforderlich. Es war interessant und spannend mitzuverfolgen, wie ihr euer Vorhaben weiterentwickelt habt, wie sorgfältig und ideenreich ihr bei der Lösung der Aufgaben vorgegangen seid, bis ihr dann das fertige Konzept präsentieren konntet. Gern denke ich auch an die vielfältigen Eindrücke und Erlebnisse bei den anschließenden Siegerehrungen in Aachen, Düsseldorf und Hamburg zurück, an kulinarische Köstlichkeiten, Stretch-Limousine, Zauberkunststücke und (Open-Air) Party. All dies werde ich als außergewöhnliche Erfahrung in bleibender Erinnerung behalten.

—Ralf Hillemacher
Lehrer für Sozialwissenschaften, Deutsch und Religion
Bischöfliches Pius-Gymnasium Aachen
Aachen, im Januar 2011

Danksagung

Unser erfreuliches Abschneiden beim Deutschen Gründerpreis für Schüler wäre nicht möglich gewesen ohne die vielfältige Unterstützung, motivierendes Mitfiebern und die herzliche Begleitung durch die Organisatoren ebenso wie durch Verwandte, Freunde und Bekannte.

Hervorheben möchten wir hier Svenja Kirchhoff von der Sparkasse, die dem Wettbewerb gleich zu Beginn ein herzliches Gesicht verlieh, unseren betreuenden Lehrer Ralf Hillemacher, Mann für wirtschaftliche Fragen am Pius-Gymnasium sowie Dr. Ralf Hillemacher von der Hillemacher Consulting, der in unser Projekt wertvolle Zeit und Kompetenz investierte und in seiner kritischen Gewogenheit stets ein wichtiger Ansprechpartner war.

In Bild und Text festgehalten sind viele Erinnerungen an diese schöne Zeit – dafür danken wir den Fotografen Steffen Roth und Klaus Knuffmann sowie den Journalisten Sarah Silius, Nicole Diefenthal, Armin Gatz und weiteren.

Für das konstruktive Feedback bedanken wir uns bei Frank Flade, damals Chordirektor und Dirigent am Theater Aachen sowie bei Wilhelm Rosen, Inhaber des Musikhauses Hogrebe, die sich für unsere Präsentationen dankenswerterweise Zeit genommen haben.

Bildnachweis

Umschlagfoto: Chris Tostevin-Hall, Guernsey, Vereinigtes Königreich, → *http://flickr.com/phototoasty.*

Seite 29. Foto im Banner der Homepage: Chris Tostevin-Hall, Guernsey, Vereinigtes Königreich, → *http://flickr.com/phototoasty*; Portrait auf der Homepage: Dieter Gillessen, Aachen.

Seite 30. Foto in Werbeanzeige: Chris Tostevin-Hall, Guernsey, Vereinigtes Königreich, → *http://flickr.com/phototoasty.*

Seite 77. Foto BHK mit Moderator Andreas Korn: Klaus Knuffmann, Hamburg.

Seite 84. Teamfoto BHK: Klaus Knuffmann, Hamburg.

Seite 120. Fotos in und auf der Jahresschrift: Svenja Kirchhoff, Aachen. Foto in der Aachener Zeitung: Andreas Schmitter, Aachen.

Seite 121. Foto in den Aachener Nachrichten: Svenja Kirchhoff, Aachen. Foto in der Aachener Zeitung: Andreas Schmitter, Aachen.

Seite 122. Foto in den Aachener Nachrichten: Martin Ratajczak, Aachen.

Seite 123. Foto BHK: Svenja Kirchhoff, Aachen.

Wir danken den genannten Fotografen sowie den Autoren der im Pressespiegel abgedruckten Artikel herzlich für die unbürokratische Unterstützung unserer Arbeit!

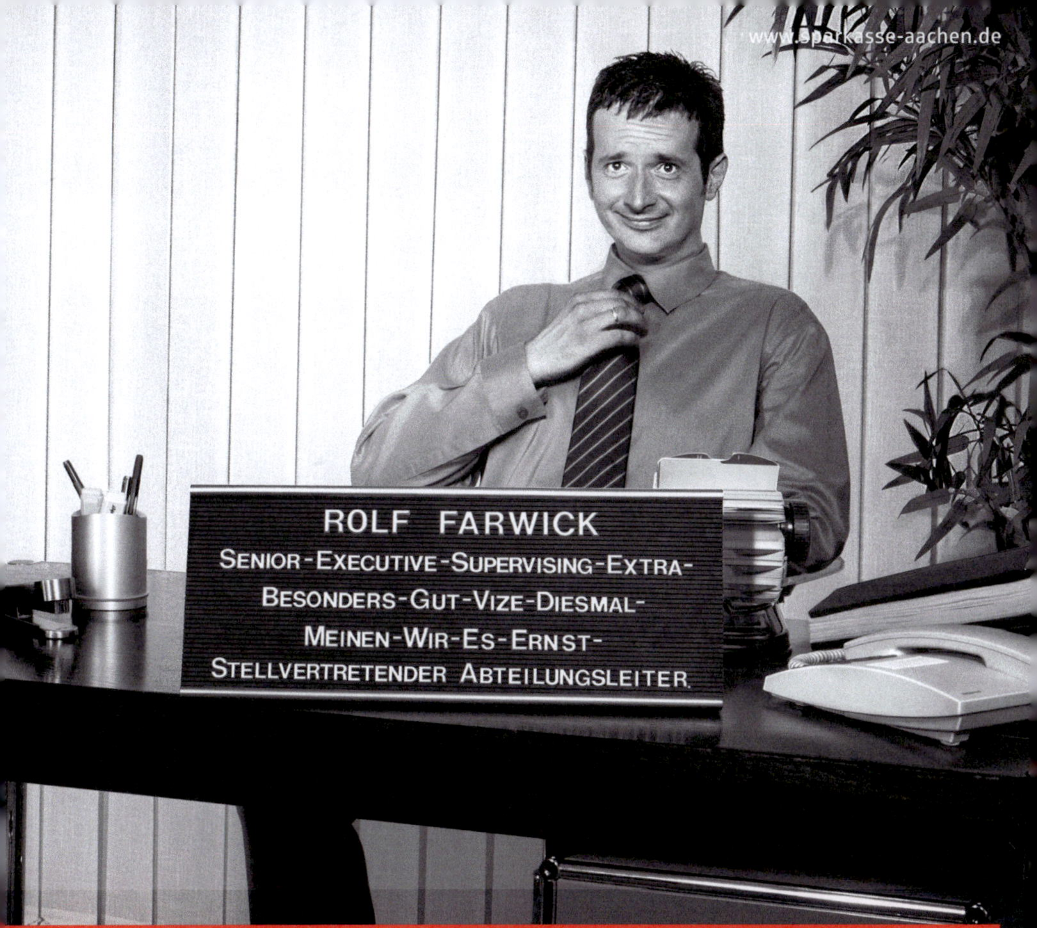
www.sparkasse-aachen.de
ROLF FARWICK
SENIOR-EXECUTIVE-SUPERVISING-EXTRA-
BESONDERS-GUT-VIZE-DIESMAL-
MEINEN-WIR-ES-ERNST-
STELLVERTRETENDER ABTEILUNGSLEITER.

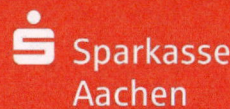